Die wirtschaftliche Bedeutung der deutschen Gaswerke

Von

Dr.-Ing. HANS GEITMANN
Regierungsbaumeister

Mit 20 in den Text gedruckten Abbildungen

München und Berlin
Druck und Verlag von R. Oldenbourg
1910

Inhaltsübersicht.

Geschichtliche Entwicklung.

Seite

Die höheren Betriebsformen der Gaswerke.

Geschichtliche Entwickelung.

Zu den bedeutendsten Erfindungen, die jemals gemacht worden sind, gehört die Gasfabrikation. Schon vermag sie auf eine 100 jährige Entwickelung zurückzublicken. Mit den Umwälzungen, die sich im 19. Jahrhundert auf allen Gebieten des Wirtschaftslebens vollzogen haben, ist sie eng verwachsen. Obwohl wir dieses Jahrhundert als das Zeitalter des Dampfes ansprechen, könnten wir es ebensogut als das des Gases bezeichnen. Dampfanlagen und Gasfabrikation stehen in enger Wechselwirkung zueinander. Wurde die Umgestaltung der Produktionsverhältnisse im Anfang des vorigen Jahrhunderts durch die Dampfmaschine eingeleitet, so trug die Gasbeleuchtung dazu bei, die Produktion intensiver zu gestalten. Zurzeit haben Dampfmaschine und Gasmotor räumlich wie auch der Zahl nach fast die gleiche Verbreitung gefunden.

Dies enge Verhältnis der Dampfmaschine und der Gasfabrikation ist schon durch die Entwicklungsgeschichte geknüpft worden; war es doch James Watt, der Erfinder der Dampfmaschine, der im Jahre 1798 seine Fabrik in Soho durch den Ingenieur William Murdoch, den wir als den Erfinder der Steinkohlengasfabrikation ansehen müssen, mit Gas erleuchtete. Watt gab auch Murdoch die Gelegenheit, alle die Kinderkrankheiten zu überwinden, die eine neue Erfindung so komplizierter Natur mit sich bringt, und von der Wattschen Fabrik aus wurden nunmehr neben den Dampfmaschinen auch Gasbeleuchtungsanlagen für einzelne Fabriken der Großindustrie in England ausgeführt.

Während die Gasfabrikation so in den Fabriken schon ihren Siegeslauf vollführte, wollte es ihr nicht gelingen, gerade auf dem Gebiete der öffentlichen Straßenbeleuchtung, für das sie doch geradezu prädestiniert war und auf dem sie später so ungeheure Erfolge zu verzeichnen hatte, sich Eingang zu verschaffen. Wohl sind Versuche gemacht worden, eine öffentliche Beleuchtung zu schaffen, die das Bedürfnis des Gemeinwesens und der Privatkonsumenten zu einem einheitlichen Unternehmen zusammenfaßt. Im Jahre 1805 schon gründete ein Deutscher namens Windsor in London die erste Gaskompagnie. Den Aktionären wurde in den Prospekten nicht weniger als 570 £ Gewinn auf 5 £ Einlage (also 11 400 %) zugesagt, und in kurzer Zeit war ein Kapital von 50 000 £ gezeichnet. Allein bald stellte sich heraus, daß Windsor ein Abenteurer war, dem jegliches praktische und wissenschaftliche Können fehlte, und beim ersten Anprall scheiterte das Unternehmen an den sachlichen Schwierigkeiten. Auch die erheblichen Nachzahlungen, zu denen Windsor unter den größten Versprechungen die Aktionäre zu bewegen wußte, wurden verpufft, ohne die geringste bleibende Verbesserung der Gasbeleuchtung zu hinterlassen. Im Jahre 1810 unternahm man nochmals eine Reorganisation der Gesellschaft; doch erst durch die Anstellung Cleggs im Jahre 1813, eines praktisch befähigten und im Gasfach erfahrenen Schülers Murdochs, trat eine Wendung zum Guten ein. Cleggs Verdienst ist es, daß am 1. April 1814 in der Pfarrei St. Margareths in Westminster, einem Stadtteil Londons, die Öllampen gegen Gaslaternen vertauscht wurden. Seit diesem Tage datiert die öffentliche Erleuchtung der Städte durch Gas [1]). (Schillings Handbuch der Steinkohlengasbeleuchtung.)

Die großen Erfolge der Engländer riefen in Deutschland bald das Interesse für das Problem der Gasbeleuchtung wach; doch auf eine Gasindustrie hätten wir noch lange warten können, wäre sie uns nicht von unseren unternehmungstüchtigen Nachbarn jenseits des Kanals fix und fertig ins Haus getragen worden. In London hatte sich die Imperial Continental Gas-Association gebildet, die sich die Aufgabe stellte, die Gasbeleuchtung in den größeren Städten des Kontinents einzuführen. Hannover war die erste Stadt, die der Gasbeleuchtung ihre Straßen öffnete; die Anstalt wurde 1825 gebaut und schon im nächsten Jahre eröffnet. Zu derselben Zeit schloß das Kgl. Preuß. Ministerium des Innern und der Polizei ohne Hinzuziehung der städtischen Behörden mit den Engländern einen Vertrag, worin diesen die gesamte Beleuchtung Berlins auf die Dauer von 21 Jahren übertragen wurde. Während der Dauer dieses Vertrages besaß »die Gesellschaft die ausschließliche Befugnis, Privatpersonen oder öffentliche Gebäude gegen billige Bedingungen — ein Preis war nicht ge-

[1]) Erfolgreiche Versuche unternahm bereits 1811 Lampadius in Freiberg (Sa.), der von seiner Wohnung aus einen Teil der Fischergasse mit Steinkohlengas beleuchtete.

nannt — aus ihren Apparaten durch Zuleitungsröhren mit Leuchtgas zu versehen.« Die Eröffnung des Werkes erfolgte schon im September 1826. Gegenüber der alten Beleuchtung mit Öllampen muß die neue Gasbeleuchtung einen sehr günstigen Eindruck gemacht haben; voller Bewunderung schreibt nämlich die Vossische Zeitung unterm 21. September 1826:

»Berlin, den 20. Sept. Gestern abend sahen wir zum ersten Male die schönste Straße der Hauptstadt, die zugleich unser angenehmster Spazierweg ist, die Linden, in hellstem Schimmer der Gasbeleuchtung. Eine große Menge Neugieriger war durch dieses Schauspiel herbeigelockt worden, und alle schienen überrascht; denn heller haben wir selbst bei glänzender Illumination die Linden nicht gesehen. Nicht in dürftigen Flämmchen, sondern in handbreiten Strömen schießt das blendende Licht hervor, das so rein ist, daß man in einer Entfernung von 20 bis 25 Schritten von den größeren Laternen einen Brief recht gut lesen konnte. Einige Privathäuser haben schon Gebrauch von der Gasbeleuchtung gemacht. Vor dem Hôtel de Rome stehen zwei helle Fackelträger, und vor Beiermanns Café Royal hängt ein Feuerzeichen wie auf einem Leuchtturm, so daß man den Hafen nicht verfehlen kann. Bald werden auch die andern Hauptstraßen auf gleiche Weise erleuchtet werden, und Berlin, das wegen seines erfreulichen Eindrucks, den es bei Tage macht, berühmt ist, wird auch bei Nachtzeiten den Fremden angenehm überraschen.« (Lux, Die öffentl. Beleuchtung von Berlin.)

Die Erbauung dieser beiden Anlagen in deutschen Städten durch englisches Kapital und englische Ingenieure erregte den Ehrgeiz unter den Deutschen, und alsbald sehen wir Bestrebungen sich bilden, den neuen Industriezweig auf deutschem Boden selbst zu entwickeln. Dem unermüdlichen Streben Blochmanns verdanken wir es, daß in Dresden am 27. April 1828 bei Gelegenheit der Illumination zu Ehren der Geburt des nachmaligen Königs Albert die erste deutsche Gasanstalt feierlich eingeweiht werden konnte.

Unabhängig von Blochmann richteten in Frankfurt a. M. Dr. Schiele und Knoblauch ½ Jahr später auf ihre eigenen Kosten eine Anstalt ein, die insofern noch Interesse hat, als sie die erste Anstalt ist, die nicht wie bisher das Gas durch Destillation der Steinkohle, sondern durch Destillation des Öles gewann.

Nach den guten Erfahrungen, die Dresden mit Blochmann gemacht hatte, beschloß auch die Stadtverwaltung in Leipzig die Einführung der Gasbeleuchtung, und im Jahre 1838 konnte auch dieses Werk dem Betrieb übergeben werden.

Außer Leipzig, wo die Beteiligung vielleicht infolge der Messeverhältnisse eine regere war, fristeten die übrigen deutschen Werke nur mühsam ihr Leben. Selbst die praktischen und geschäftsgewandten Engländer vermochten es nicht, die Gasbeleuchtung zur allgemeinen Anerkennung zu bringen. Nach fast 20jährigem Betrieb zählte die Berliner Anstalt nur 10000 Privatflammen, während sie heute über 4 Mill. zu verzeichnen hat. Der Grund hierfür ist in den Verhältnissen jener Zeit zu suchen. Wohl hatte Berlin schon eine Industrie, doch zu der gewaltigen Industriezentrale von heute wuchs es erst in der zweiten Hälfte des vorigen Jahrhunderts heran, und so war für die Betätigung in den Abend- und Nachtstunden nicht das Bedürfnis vorhanden. Vielleicht ist die Ursache auch in dem einseitigen Geschäftsverfahren der Gesellschaft begründet, die keine Rücksicht auf Stadt und Publikum nahm, sondern lediglich die Ausbeutung der Vorteile im Auge hatte, die ihr der Vertrag gewährte.

Die beschränkenden Bestimmungen des Vertrages lösten schon im Jahre 1836 bei den städtischen Behörden den Wunsch aus, eine Veränderung des Beleuchtungswesens zu bewirken. Eine Kommission wurde gebildet, die sich mit dem Gaswesen zu beschäftigen hatte, die städtischen Werke in Leipzig und Dresden wurden besucht und chemische Untersuchungen der Steinkohlen angestellt. Der Bericht über die Verwaltung der Stadt Berlin in den Jahren 1841 bis 1850 sagt:

»Im Jahre 1841 wurden unter Vermittlung des Kgl. Polizeipräsidiums Verhandlungen mit der Imperial Continental Gas-Association eröffnet, um auf Grund des Vertrages eine Verbesserung der Erleuchtung durch eine größere Ausdehnung des Gaslichtes zu erzielen — die Straßen, in denen es bei Erbauung der Anstalt eingerichtet wurde, waren vertraglich festgelegt —, welche jedoch fruchtlos blieben und zur Folge hatten, daß eine Kommission von Mitgliedern des Magistrats und der Stadtverordnetenversammlung beauftragt wurde, sich mit der Frage zu beschäftigen, auf welche Weise eine den Anforderungen der Zeit wie der Sicherheit des Publikums entsprechende und mit dem Kommunalinteresse gleichwie mit dem Privatinteresse übereinstimmende Straßenbeleuchtung herzustellen sei. Auf Grund der Beratung dieser Kommission beschloß der Magistrat im Einverständnis mit der Stadtverordnetenversammlung im März 1842:

Von der Prolongation des bisherigen oder Abschließung eines neuen Vertrages mit der Imperial Continental Gas-Association gänzlich abzustehen und die öffentliche Beleuchtung mittels Gaslichts durch eigene Anstalten selbst zu bewirken.

Auf den infolge dieses Beschlusses an Se. Majestät den König erstatteten Bericht vom 12. August 1842, in welchem die Bitte vorgetragen wurde: Der Stadtgemeinde mit Vorbehalt der der Imperial Continental Gas-Association durch den Vertrag vom 21. April 1825 eingeräumten Befugnisse die ausschließliche Berechtigung zu erteilen, vom 1. Jan. 1847 ab an Privatpersonen und öffentliche Gebäude Gaslicht durch Zuleitungsröhren abgeben zu dürfen, erhielt der Magistrat unterm 16. Aug. 1843 von dem Herrn Minister des Innern den Bescheid, daß die bestehenden Verhältnisse den Wunsch, eine Änderung im Erleuchtungswesen vorzunehmen, rechtfertigen, dieselbe auch unzweifelhaft von heilsamen Folgen sein würde und daß der Herr Minister von Sr. Maj. dem König ermächtigt sei, die Gewährung des nachgesuchten ausschließlichen Rechts zur Versorgung von Privatpersonen und öffentlichen Gebäuden mit Gas durch Zuleitungsröhren jedoch nur unter der Bedingung zu verheißen, daß ein vollständiger Plan über die Ausführung des Unternehmens vorgelegt werde, dessen einzelne der näheren Erörterung und Prüfung zugängliche Angaben ein sicheres Urteil darüber gestatten, ob das Vorhaben der städtischen Finanzverwaltung keinen Nachteil drohe und ob dasselbe in einer die vorhandenen polizeilichen Bedürfnisse vollkommen sicherstellenden Weise ausgeführt werden könne.«

Mit der Ausarbeitung dieses Planes betraute man den Kgl. Sächs. Kommissionsrat Blochmann, Dresden, welchen wir schon vorhin als Erbauer der städtischen Werke in Dresden und Leipzig kennen lernten, und legte dem Entwurf als Höchstleistung eine Gaslieferung für 5140 öffentliche und 20 000 Privatflammen zugrunde.

In dem Berichte über die Stadtverwaltung Berlins heißt es dann hierüber weiter:

»Inzwischen wurde mit den Vertretern der Imperial Continental Gas-Association in direkte Unterhandlung getreten, um mit denselben eine den Wünschen der Kommunalbehörden entsprechende Einigung herbeizuführen. Da diese Unterhandlungen erfolglos blieben, so beharrte der Magistrat im Einverständnis mit der Stadtverordnetenversammlung bei seinem früher gefaßten Beschlusse, von der Prolongation des bisherigen oder Abschließung eines neuen Vertrages abzustehen und eigene Gasanstalten zu errichten; der inzwischen vollständig ausgearbeitete Plan mit Berechnungen wurde der hohen Staatsbehörde vorgelegt, welche mit dessen Prüfung einen besonders dazu ernannten Kommissarius beauftragt hatte, der in Gemeinschaft mit den Herren Vorsitzenden der Kgl. Techn. Oberbaudeputation und des Kgl. Polizeipräsidiums sowie sachverständiger Mitglieder des letzteren und der Kgl. Ministerialbaukommission sich dieser Prüfung unterzog. Da gegen diesen Plan wesentliche Einwendungen nicht erhoben wurden, auch der Herr Polizeipräsident ausdrücklich erklärt hatte, daß der Plan den vorhandenen polizeilichen Bedürfnissen entspreche und diese genügend sicherstelle, so wurde unter dem 21. Juni 1844 die höhere definitive Genehmigung nachgesucht. Mittels Reskripts des Kgl. Ministeriums vom 6. Sept. 1844 erhielt der Magistrat den Bescheid, daß des Königs Majestät zu genehmigen geruht hätte, daß:

1. Der Stadtgemeinde zu Berlin die Besorgung der öffentlichen Erleuchtung der Stadt mit Gas vom 1. Jan. 1847 ab zu überlassen und derselben zugleich das ausschließliche Recht zugesichert werde, von dem 1. Jan. 1847 ab bis zu dem Zeitpunkt, wo die Amortisation der zu 2 gedachten Stadtobligationen vollendet sein wird, höchstens aber auf 50 Jahre, Privatpersonen und öffentliche Gebäude aus den durch die Straßen geführten Leitungsröhren mit Gas zu versorgen, vorbehaltlich jedoch sowohl des Rechtes, welches in dieser Beziehung der Imperial Continental Gas-Association aus dem Vertrage vom 21. April 1825 auch noch ferner zustehe, als der jedem Einwohner freistehenden Befugnis, sich für eigenen Bedarf Gas zu bereiten oder sich seine Beleuchtung auf jede beliebige andere Weise, namentlich auch durch tragbares Gas zu verschaffen, und daß

2. der Stadtgemeinde gestattet werde, zur Beschaffung des erforderlichen Kapitals für die zur Straßenbeleuchtung nötigen Anlagen neue, 3½ % Zinsen tragende, auf jeden Inhaber lautende, von demselben aber nicht zu kündigende Stadtobligationen zum Betrage von 1½ Mill. Taler Kurant auszufertigen und solche unter der Verpflichtung auszugeben, daß vom Jahre 1852 ab jährlich 1 % des Schuldkapitals und die ersparten Zinsen der amortisierten Obligationen verwendet würden.«

Se. Majestät der König hatte gleichzeitig dem Ministerium des Innern angedeutet, wie sehr eine Einigung der Stadt Berlin mit der Imperial Continental Gas-Association wünschenswert erscheine, und da auch in den Wünschen der städtischen Behörden eine solche Einigung lag, so wurden die Verhandlungen mit der genannten Gesellschaft wieder aufgenommen, welche jedoch, da sie ganz erfolglos blieben, am 14. Oktober 1844 definitiv abgebrochen wurden. Eine ausführliche Darlegung dieser Verhandlungen ist durch eine besondere Druckschrift des Magistrats vom 10. Sept. 1844 veröffentlicht worden.

Die Beleuchtungsangelegenheit, die bisher fast ausschließlich nur den Magistrat und die Stadtverordnetenversammlung beschäftigt hatte, begann damit, Allgemeingut der öffentlichen Meinung zu werden. Versammlungen wurden anberaumt, in denen für und gegen den Betrieb der Werke durch die Stadtgemeinde gesprochen wurde. Man machte geltend, daß, abgesehen von dem irrigen und verwerflichen Grundsatz der Übernahme eines kaufmännischen Geschäftes seitens der Stadtverwaltung, der Imperial Continental Gas-Association eine Konkurrentin geschaffen werde, daß beide Teile sich gegenseitig ruinieren würden. Doch auch besonnene Elemente waren darunter, wie dies »Die Darlegung der Ansichten eines Bürgers für die städtische Gaserleuchtung« von F. A. Zacharias, ein in Buchform bei Springer erschienener Vortrag, der am 26. Januar 1847 in der Bürgergesellschaft gehalten wurde, beweist. Schon Ende des Jahres 1850 hatten die städtischen Werke 3350 öffentliche und 15 000 Privatflammen nebst den 2164 Flammen in den Kgl. Theatern zu speisen; die Anzahl der Öllampen war zu dieser Zeit auf 43 zurückgegangen.

So sehr sich die englische Gasgesellschaft sträubte, bei den Verhandlungen mit der Stadt dieser Zugeständnisse zu machen, nach Eröffnung der städtischen Werke ermäßigte sie sofort ihren Gaspreis von 35 auf 17½ Pf. für 1 cbm, also um die Hälfte. Als die Stadt das Gleiche tat, gewährte die englische Gesellschaft ihren Abnehmern noch 5 % Rabatt.

Auf diese Weise kamen in Berlin Gaspreise zur Geltung, die keine Stadt des Kontinents aufweisen konnte, und durch die billigen Gaspreise wurde das Gaslicht bald Bedürfnis für alle Geschäftslokale, Fabriken und Werkstätten, und wir dürfen wohl annehmen, daß eine der Ursachen für das nunmehr einsetzende schnelle Wachsen der Stadt, das Aufblühen von Handel, Industrie und Verkehr mit in der Gasversorgung liegt.

Während weitschauende Kommunalpolitik in Berlin diese ungeheuren Erfolge im Konkurrenzkampf gegen die Engländer herbeiführte und so ein Gebiet, das von den letzteren bereits vollständig beherrscht wurde, der deutschen Industrie zurückgewann, rief man in Frankfurt a. M., wo bereits mit unsäglicher Mühe die einheimische Industrie sich zu einem Erfolg hindurchgearbeitet hatte, die Engländer herbei, um den Bürgern Konkurrenz zu machen. Auch noch in einigen anderen größeren Städten gelang es der Imperial Continental-Gas-Association Fuß zu fassen. 1838 wurde Aachen, 1841 Köln von den Engländern erleuchtet.

Neben den Engländern versuchten nun auch andere ausländische Gesellschaften, sich mit dem Bau und Betrieb von Gasanstalten zu befassen, doch fast alle der von ihnen bis Mitte der 50er Jahre erbauten Anstalten haben ein sehr bewegtes Schicksal gehabt und gingen bald in deutschen Besitz über, und heute befinden sich nur noch außer Berlin die Werke in Aachen und Hannover in den Händen der Imperial Continental Gas-Association. Dies sind, wie wir gesehen haben, jene ersten Werke, mit denen es ihnen überhaupt gelang, in Deutschland Fuß zu fassen, und diese werden ihnen größtenteils bleiben, solange wir überhaupt an Stelle der Gasbeleuchtung nichts Besseres aufzuweisen haben; denn die Imperial Continental Gas-Association hatte sich in den ersten Verträgen ausbedungen, »nach Ablauf der Konzession Privaten auf deren Wunsch noch fernerhin Gas zu liefern«. Um die Auslegung dieser Worte entbrannte ein heißer Kampf. »Durch verschiedene Prozesse ist festgestellt worden, daß die englische Gesellschaft zwar nicht berechtigt sei, in Straßen, in denen sie im Jahre 1847 Gasröhren noch nicht gelegt hatte, solche nachträglich einzulegen; sie ist auch ferner nicht berechtigt, in denjenigen Straßen, in welchen sie am 1. Jan. 1847 bereits Gasröhren verlegt hatte, neben den vorhandenen Röhren noch andere zu legen; dagegen ist sie durch rechtskräftiges Urteil für befugt erachtet worden, in den letztgenannten Straßen an Stelle und unter Herausnahme zu enger Röhren solche von größerem Durchmesser zu legen: sie hat also ein ewiges Privilegium, diejenigen Straßen mit Gas zu versorgen, in denen sie 1847 Gasröhren liegen hatte.« (Lux, Die Beleuchtung von Berlin.)

Die Erfahrungen in Berlin und einigen anderen Städten kamen indessen der Allgemeinheit zugute. Man muß sich bald klar geworden sein, wie die geschäftstüchtigen Engländer ihren Vorteil gewahrt hatten, denn nirgends finden wir in späteren Verträgen ähnliche Klauseln vor. Ganz klipp und klar geht aus den Konzessionserteilungen, die Städte und Staat in der Folgezeit Privatgesellschaften zum Betriebe gewerblicher Unternehmungen erteilten, hervor, daß nach einer Zeit von 30 bis 50 Jahren die Gesellschaft keinerlei Rechte für den Weiterbetrieb des Unternehmens besitzt, es sei denn, daß ein neuer Vertrag geschlossen wird.

Bis zum Jahre 1850 waren 35 Gaswerke in Deutschland errichtet. Als indessen nach der Märzrevolution, die mit dem Zunftzwang und den letzten Resten der feudalen Produktionsweise brach, jene gewaltige Entwicklung einsetzte, die Deutschland sehr bald zu der führenden Stellung unter den Industrienationen befähigte, nahm auch die Gasbeleuchtung einen ungeahnten Aufschwung. In dem Jahrzehnt von 1850 bis 1860 wurden nicht weniger als 176 und in der Zeit von 1860 bis 1869 über 340 Anstalten gebaut. Bezeichnend für diese Periode ist die Bildung der deutschen Aktiengesellschaften, die sich mit dem Bau und Betrieb von Gaswerken beschäftigten. Im Jahre 1855 wurde die Deutsche Continental-Gasgesellschaft in Dessau ins Leben gerufen, die etwa 13 Werke errichtete, erwarb und betrieb. Zu derselben Zeit entstand auch die Magdeburger Gesellschaft, die Gesellschaft für Gasindustrie in Augsburg und Anfang der 60er Jahre die Neue Gasaktiengesellschaft in Berlin sowie die Thüringische Gasgesellschaft in Gotha. Die Verteilung der errichteten Werke auf die Städte nach ihrer Einwohnerzahl entnehmen wir der Deutschen Industriezeitung vom Jahre 1862, S. 3:

Einwohner in 1000	Anzahl der Städte mit Gasanstalt	ohne Gasanstalt
500—100	6	—
100— 50	10	—
50— 20	31	—
20— 10	69	27
10— 5	71	98
5— 3	41	155
	228	280

Wir sehen, daß nur noch Städte mit einer Einwohnerzahl unter 20 000 keine Gaswerke besaßen, daß allerdings noch 280 Städte vorhanden sind, in denen sich der Betrieb wohl lohnen würde. Diese 280 Städte sind es denn auch, über die sich die Gasgesellschaften hermachten.

Nicht überall waren indessen die Privatgesellschaften im Werben von Konzessionen erfolgreich, auch die Städte nahmen nach den guten Erfahrungen, die bisher gemacht waren, keinen Anstoß, Gasanstalten in eigener Verwaltung zu bauen und zu betreiben. Während nach der Statistik der Gasanstalten Deutschlands vom Jahre 1862 unter 266 Anstalten nur 66 aufgeführt werden, die in eigener Verwaltung der Städte betrieben wurden, finden sich in der Ausgabe derselben Statistik vom Jahre 1868 unter 557 Gaswerken schon 179 städtische Werke. Dieser Statistik entnehmen wir ferner, daß außer diesen 179 Werken, die ganz und ohne Konkurrenz in städtischer Verwaltung sind, in drei Fällen die Kommunen mehr oder minder beschränkte Konkurrenz durch Privatgesellschaften erleiden, in 20 Städten die

Kommunen mit größeren oder geringeren Summen an den bestehenden Gaswerken und deren Verwaltung beteiligt sind, daß die übrigen sich indessen vollständig in den Händen der Privatgesellschaften befinden. In der nachstehenden Tabelle erhalten wir noch eine Übersicht der 179 städtischen Werke, die uns erkennen läßt, daß es keineswegs die großen Städte sind, deren hoher Gaskonsum schon von vornherein die Rentabilität des Werkes sichert, sondern, daß gerade jene Städte mit weniger als 10000 Einwohnern die Mehrzahl bilden.

					Mit Kapital beteiligt
Unter 3000	Einwohner	2			1
3000—4000	„	10	wovon	1 verpachtet	1
4001—5000	„	20	„	4 „	4
5001—7000	„	26	„	2 „	3
7001—9000	„	36	„	2 „	4
9001—12000	„	20	„	1 „	2
12001—15000	„	15	„	1 „	3
15001—20000	„	17		—	1
20001—30000	„	15	„	1 „	1
30001—40000	„	7	„	2 „	—
40001—70000	„	5		—	—
70001—100000	„	4		—	—
über 100000	„	2		—	—
		179 Werke			20 Werke

Obgleich in den 50er und 60er Jahren schon eine Verschiebung der Besitzverhältnisse zugunsten der Stadtverwaltung zu konstatieren ist, typisch für diese Zeit bleibt doch das Vorherrschen des Privatkapitals. Erst in den 70er Jahren sehen wir einen Umschwung sich vorbereiten. Nach der Statistik, die im Jahre 1877 über die deutschen Gaswerke gemacht wurde[1]), ergibt sich, daß von den vorhandenen 481 Gasanstalten bereits 220 in städtischer und nur noch 261 in privater Verwaltung sich befinden; dem preußischen Staat gehören davon 277 (145 städtische und 132 private) an. Obwohl der Zahl nach auch hier die städtischen Unternehmungen noch den privaten nachstehen, in bezug auf die mit Gas zu versorgenden Einwohner sind sie ihnen bedeutend überlegen. Die Zahlen verhalten sich wie 5 755 633 zu 3 512 503. Aber nur der kleinere Teil der Be-

[1]) Schilling-Diehl, Statistische Mitteilungen über die Gasanstalten Deutschlands, Österreichs und der Schweiz. München, R. Oldenbourg. 1877.

völkerung beansprucht die Dienste der Gasanstalten für den häuslichen Bedarf. Nach den Ermittlungen unterhalten

	Straßenflammen	Privatflammen	Zusammen
städtische Werke	86 421	1 744 713	1 831 134
private „	51 250	1 048 235	1 099 485
			2 930 619,

so daß im Mittel auf 100 Einwohner nur etwa 30 Privatflammen kommen.

Wird die Zahl der Flammen mit derjenigen der Anstalt verglichen, so zeigt sich auch hier, daß die städtischen Unternehmungen einen fast doppelt so großen Umfang besitzen wie die privaten, denn im Mittel speist

	Straßenflammen	Privatflammen	überhaupt Flammen
eine städtische Anstalt	393	7930	8233
„ private „	196	4016	4212

Selbstverständlich muß dasselbe Verhältnis sich auch in anderer Beziehung kundgeben, und nur kleine Abweichungen treten in den einzelnen Punkten, so beim Vergleich der Jahresproduktion hervor. In größeren Städten ist der durchschnittliche Verbrauch einer Flamme stärker als in kleineren Ortschaften:

	Jahresproduktion in cbm		
	im ganzen	pro Anstalt	pro Flamme
städtische Werke	225 522 929	1 025 104	123,2
private „	108 064 330	414 004	98,2

Von Interesse dürfte außerdem noch die Erhebung über die Anlagekapitalien sein.

	Städt. Werke	Private Werke	Zusammen
		Mark	
Im ganzen	114 968 710	54 232 340	169 201 050
Pro Anstalt	522 585	207 787	351 769
Pro 1000 cbm Jahresproduktion	510	502	507

Das Anlagekapital pro 1000 cbm Jahresproduktion ist somit bei städtischen wie privaten Anstalten fast gleich. Das Ergebnis würde aber ein ganz anderes sein, wäre die Scheidung allein nach der Ausdehnung und nicht nach der Form des Unternehmens gemacht und mit diesem Momente jenes nicht bloß zufällig und ungefähr erfaßt. So wurde seinerzeit auf Grund derselben Quelle, die hier benutzt ist, geschätzt, daß das Anlagekapital, welches in den großen Städten auf 1000 cbm jährl. Gasproduktion erforderlich ist, gegen das in kleinen Städten und bei kleinen Anstalten verwandte sich wie 100 zu 150 bis 250 verhält. Für die Erklärung der hier festgestellten Verhältnisse kommt noch in Betracht, daß die städtischen Gasanstalten, als die durchschnittlich größeren Betriebe, wohl vielfach durch die Herstellung selbst von kostspieligen Anlagen eine Ersparnis namentlich an Löhnen erzielt und das umlaufende Kapital durch stehendes ersetzt haben. Ein endgültiges Urteil über die Höhe des ersteren verlangt daher die Berücksichtigung des Betriebskapitals; dieses ist aber unbekannt, und nur für einen Teil desselben, das Rohmaterial, bietet sich Anhalt zu einer Schätzung. Unter den damaligen Verhältnissen wurden aus 1 Ztr. Steinkohlen im Mittel 13 cbm Gas destilliert. Bei einer Gesamtproduktion von 115 Millionen cbm würden die deutschen Gaswerke etwa 25,66 Millionen Zentner Steinkohlen in einem Jahre verbrauchen, d. i. etwa 3,42 % der deutschen Steinkohlenförderung, die in jenen Jahren rd. 750 Mill. Zentner betrug. Der Bedarf ist nicht ausschließlich, wohl aber zum größten Teil aus deutschen Bergwerken gedeckt worden; englische Steinkohlen wurden noch in 94, böhmische in 80 Gasanstalten verwendet. Dagegen verarbeiteten westfälische Kohlen 156, Saarkohle 102, schlesische 95 und sächsische 71 Gaswerke.

So umfangreich diese Erhebungen schon sind und so sehr sie uns den Nachweis einer fortschreitenden Entwickelung vor Augen führen, gegenüber den Veröffentlichungen im Journal of Gaslighting in der Januarnummer des Jahres 1881 über die Gasanstalten in England und Wales, Schottland und Irland nicht einbegriffen, stecken wir in jener Zeit doch noch sehr in den Kinderschuhen. England und Wales mit etwas mehr als der halben Bevölkerung wie Deutschland und einem nur $^1/_3$ so großen Areal haben eine über fünfmal so große Gasproduktion als Deutschland, ja der ganze Konsum Deutschlands beträgt nur etwas mehr als das Doppelte des in England und Wales nicht verkauften (d. i. Verlust und Selbstverbrauch) Gases. Obgleich die Zahl der deutschen Anstalten jene der englischen um etwas übertrifft, so repräsentiert jede der letzteren im Durchschnitt ein 5,6 mal höheres Anlagekapital bei einer sechsmal größeren Produktion und versorgt dabei nur etwas mehr als die doppelte Zahl von Straßenflammen, aber eine fast siebenmal größere Zahl von Privatkonsumenten.

Wie sehr das Gas in England, dem klassischen Lande der Gasindustrie, schon damals Allgemeingut geworden war, zeigen die Zahlen, die von Arts, Brüssel, veröffentlicht worden sind. Auf jeden Einwohner kommen pro Jahr

in London	158 cbm Gas
„ größeren Städten Englands	120 „ „
„ kleineren Städten Englands	75 „ „
„ Paris	115 „ „
„ Brüssel	88 „ „
„ Berlin	58 „ „
„ größeren Städten Deutschlands	50 „ „
„ in kleineren Städten Deutschlands . . .	22 „ „

Besser als alle übrigen Angaben charakterisiert der Verbrauch pro Kopf und Jahr der Bevölkerung den Stand der Gasindustrie, und wir finden in der Folgezeit Erhebungen in dieser Hinsicht überall gemacht. Die vorstehenden Zahlen zeigen uns aber, daß wir geringe Ursache hatten, auf die Entwickelung der Gasindustrie stolz zu sein, denn wir marschieren weit hinter denen, die unsere Meister waren.

Richtig ist der Einwand, daß die deutsche Erhebung vier Jahre früher angestellt wurde als die englische und daß das Resultat dadurch etwas zu unseren Ungunsten ausfiel. Allein die Erhebungen, die darauf im Jahre 1883, also zwei Jahre nach der englischen gemacht wurden [1]), zeitigten kein besseres Ergebnis.

Wir entnehmen diesen Erhebungen, daß seinerzeit das Deutsche Reich 2528 Orte mit mehr als 2000 Seelen und einer Gesamtzahl von 16 557 000 Einwohnern hatte. Von diesen Orten hatten 608 mit etwa 11 625 500 Einwohnern Gasbeleuchtung, so daß ca. 5 000 000 in 1920 Ortschaften von mehr als 2000 Seelen lebende Reichsinsassen sich der Wohltat der Gasbeleuchtung nicht erfreuen konnten. Außer jenen 608 Ortschaften waren noch etwa 300 bis 400 Privatgasanstalten zur Versorgung von Fabriken vorhanden, die in den folgenden Mitteilungen indessen keine Berücksichtigung finden sollen.

In den 608 der Allgemeinheit dienenden Gaswerken wurden 1 515 934 t Gaskohlen verarbeitet und 434 127 000 cbm Gas abgegeben. Auf je ein Gaswerk kommt eine Jahresproduktion von 711 000 cbm gegenüber 718 000 cbm im Jahre 1877. Die Verhältnisse sind als fast gleich zu betrachten, die Differenz findet ihre Erklärung darin, daß 1877 nur 483Werke an der Statistik, an der neuesten, die selbst die kleinen und kleinsten Werke umfaßt, indessen 603 Anstalten beteiligt waren.

Wir sehen also, das ungünstige Resultat ist geblieben. Deutschlands Gesamtproduktion, an der Berlin allein mit 21,6 % beteiligt

[1]) Schilling-Diehl, Statistische Mitteilungen über die Gasanstalten Deutschlands, Österreichs und der Schweiz etc. München, R. Oldenbourg. 1886.

ist, steht um etwa 180 Mill. cbm hinter der Londons zurück. Wir wollen es unterlassen, auf die übrigen Erhebungen weiter einzugehen; sie besitzen im Augenblick für die Beurteilung der damaligen Lage kein Interesse. Es sei indessen noch darauf hingewiesen, daß 1663 Beamte und ca. 11 390 Arbeiter in den Gaswerken tätig waren, daß 3250 Motoren mit zusammen 6760 PS (also pro Motor 2,08 PS) im Jahre 1883 mit Gas versorgt wurden.

Bereits zwei Jahre später erfolgte eine neue Statistik. Den Mitteilungen des statistischen Amtes, Berlin, in der statistischen Korrespondenz 1887 entnehmen wir, daß im Jahre 1885 1257 Gasanstalten in Deutschland vorhanden waren, wovon 338 Kommunal- und 329 Privatanstalten öffentlichen Zwecken und der Rest 590 gewerblichen Unternehmungen dienten. Entsprechend den früheren Zahlen ergeben sich jetzt

		Jahresproduktion		Anlagekapital
städtische Werke	279 St.	325 169 042 cbm;	244 St.	142 441 151 M.
private „	287 „	152 428 502 „	227 „	67 336 451 „

Die früher angeführten Zahlen über den Konsum pro Kopf der Bevölkerung, Anlagekapitalien pro 1000 cbm Jahresproduktion usw. müssen diesmal wegfallen, da die nötigen Unterlagen fehlen. Wir können indessen annehmen, daß sich im großen und ganzen nicht viel geändert hat.

Bis zum Jahre 1896 finden wir dann keine Erhebungen angestellt. Die dann folgende ist zugleich die letzte, welche wir besitzen[1]). Sie erstreckt sich über 724 Zentralanstalten und 389 Einzelanlagen. Seit dem Jahre 1885 wurden also 53 Städte neu mit Gas versorgt. Der Verbrauch sämtlicher Zentralanstalten wird mit 733 450 600 cbm angegeben.

Im Jahre 1900 hat der bekannte Gastechniker Schäfer, Dessau, umfangreiche Ermittelungen angestellt, die sich zwar nicht auf sämtliche Werke erstrecken, doch immerhin gute Anhaltspunkte für den Stand der Entwickelung geben. Auf Grund sorgfältiger Bearbeitungen des ihm vorliegenden Materials schätzt Schäfer den Gasverbrauch der deutschen Gaszentralen im Jahre 1900 auf 1200 Mill. cbm. Auf der letzten Jahresversammlung beschloß der Verein der Gas- und Wasserfachmänner Deutschlands, eine neue Umfrage zu halten, deren Resultate indessen nicht vor Mitte nächsten Jahres bekannt werden dürften.

---

[1]) Dr. E. Schilling, N. H. Schillings Statistische Mitteilungen über die Gasanstalten Deutschlands, Österreich-Ungarns und der Schweiz etc. 5. Auflage. München, R. Oldenbourg. 1896.

Aus den Listen der Berufsgenossenschaft konnte festgestellt werden, daß am Schlusse des Jahres 1908 1245 Gaswerke öffentlichen Zwecken dienten, deren Gaserzeugung über 2000 Mill. cbm betragen dürfte. In der Begründung des Entwurfs der Gassteuer S. 22 heißt es:

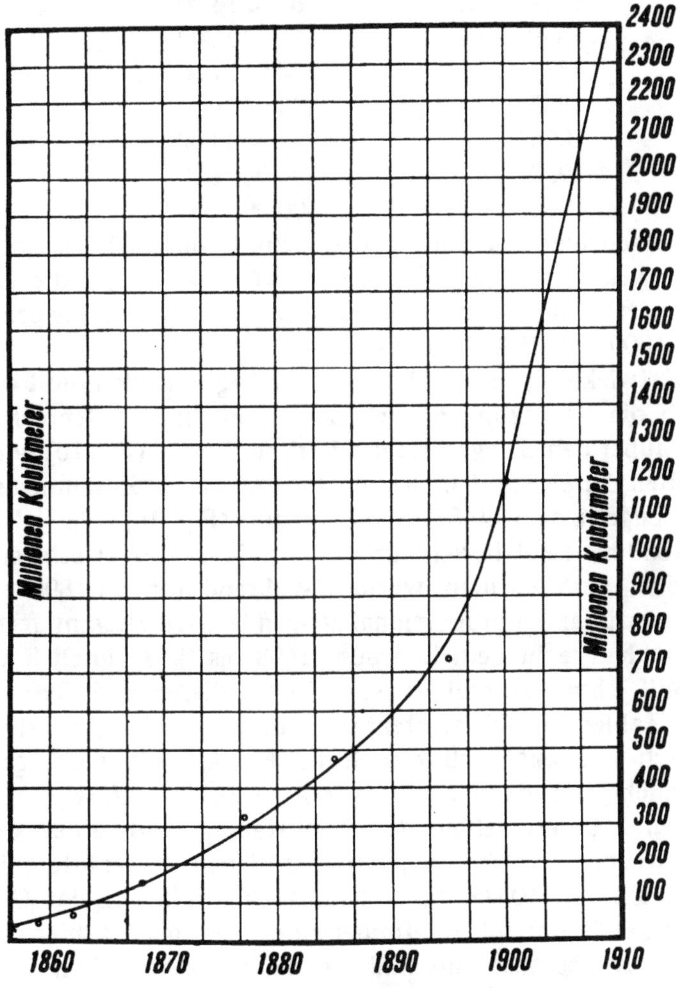

Fig. 1. Steinkohlengaskonsum in Deutschland.

»In den statistischen Zusammenstellungen des Vereins von Gas- und Wasserfachmännern für 1906/07 ist eine Gaserzeugung von 1400 Mill. cbm in 250 deutschen Städten nachgewiesen. Diese Statistik ist aber nicht vollständig. Man rechnet zurzeit mit über 2000 Mill. cbm und darf unbedenklich für den 1. Oktober 1909 die Zahl von 2500 Mill. cbm rechnen.«

Stellen wir die Gaserzeugung der deutschen Gaswerke in den letzten 50 Jahren nach den in der Statistik gewonnenen Zahlen zusammen, so ergibt sich:

1859	44 514 100 cbm
1862	68 527 900 „
1868	151 970 200 „
1877	324 812 800 „
1885	479 047 000 „
1896	733 450 600 „
1900	1200 000 000 „
1909	2500 000 000 „

Wir stehen hier vor einer Entwickelung, die auch annähernd nie zuvor dagewesen ist. In den letzten zwölf Jahren ist die Zahl der Werke von 800 auf über 1200 gewachsen, und ihre Gasproduktion stieg von 1000 auf 2500 Mill. cbm.

Die Entwicklung seit 1895 ist so gewaltig, daß sich die Frage aufdrängt, ob die Schätzungen auch der Wirklichkeit entsprechen. Als Kontrolle außer dem Diagramm der Berliner Werke (Fig. 1b) und jenem der Anstalten der D. C. G. G. Dessau (Fig. 1c) sei eine Zusammenstellung der Gaserzeugung von 40 Städten angeführt (Fig. 1a), die sich auf die Zeit von 1858 bis 1908 bezieht und die im Journal für Gasbeleuchtung 1909, S. 562, veröffentlicht wurde. Während wir bis 1898 eine der Bevölkerungszunahme proportional steigende Gaserzeugung feststellen, schnellt die Kurve in dem Zeitraum 1898 bis 1908 plötzlich von 350 auf 700 Mill. cbm. Allerdings ist zwischen diesen und den oben angeführten Zahlen der Gesamtentwickelung ein kleiner Unterschied, der dadurch entsteht, daß die Statistik von 1896 nicht gründlich genug gemacht ist; denn Städte wie Aachen, Frankfurt a. M., Gera, Schwerin und andere fehlen darin vollständig, und ferner kann der Durchschnitt der willkürlich herausgegriffenen 40 Städte mit einer Einwohnerzahl von 10 000 bis 2 Mill. auch den Stand der Gaserzeugung nicht genau darstellen. Immerhin sehen wir auch hier eine Verdoppelung des Absatzes innerhalb der letzten zehn Jahre.

Die Zahl der öffentlichen Zwecken dienenden Elektrizitätswerke stieg von 180 mit 46 570 KW im Jahre 1895 auf 1978 Werke mit einer Gesamtleistungsfähigkeit von 1 200 000 KW und etwa 1250 Mill. Kilowattstunden im Jahre 1909.

Zur Erzeugung des mechanischen Effekts von 1 PS-Stunde an der Riemscheibe eines Motors sind etwa 800 bis 900 Watt elektrischer Energie und rd. 600 bis 800 l Leuchtgas erforderlich, so daß eine

Kilowattstunde also einem Kubikmeter Leuchtgas äquivalent wäre. Dasselbe Verhältnis gilt in bezug auf die Lichtwirkung. Bei den Kohlen- und Metallfadenlampen beträgt der Energieverbrauch 3 bis 1,5 Watt und bei den Bogen- und Quecksilberdampflampen 1 bis 0,5 Watt pro Hefnerkerze; das stehende und hängende Gasglühlicht braucht 1,5 bis 1 l, das Preßgasglühlicht 0,5 bis 0,7 l Leuchtgas pro Hefnerkerze.

Die Steigerung des Energiebedürfnisses der deutschen Städte ergibt sich in Gas umgerechnet von 900 Mill. cbm im Jahre 1895 auf 3600 Mill. cbm im Jahre 1909.

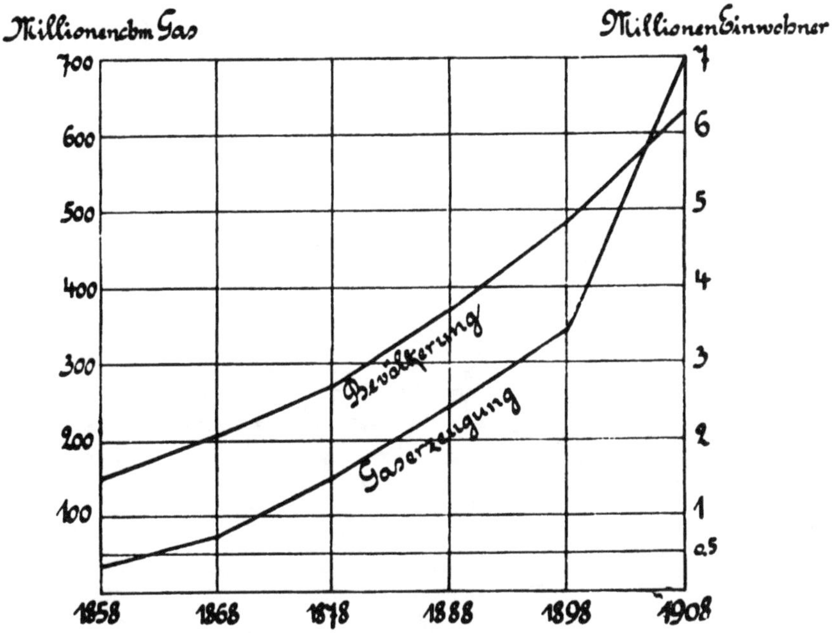

Fig. 1a. Gaserzeugung und Bevölkerung in 40 Städten.
(Journal für Gasbeleuchtung und Wasserversorgung 1909.)

Diese ungeheure Steigerung der Energieproduktion, die mit Kapitalaufwand von 2 Milliarden Mark innerhalb weniger Jahre verbunden ist, führt uns auf die Frage, ob denn die Entwickelung eine gesunde Basis hat, ob nicht, wie so oft im Wirtschaftsleben, Spekulation und Gewinnsucht einzelner die treibenden Kräfte sind, ob nicht der Konkurrenzkampf Gas gegen Elektrizität mit dem Untergang der einen Industrie endigt. In bezug auf die Gaswerke hat diese Frage um so mehr Berechtigung, als sie schon in den 80er Jahren totgesagt wurden und tatsächlich die bis dahin stetig steigende Produktion mit dem Aufkommen der elektrischen Beleuchtung einen

Rückgang zu verzeichnen hatte; auch heute noch geht das landläufige Urteil über die Gaswerke dahin, daß sie über kurz oder lang als Vertreter einer alten Zeit den Elektrizitätswerken als Vertreter der neuen Zeit weichen müssen. Daß dies nicht so ist, daß die deutschen Gaswerke heute mehr als je vorher eine bedeutende Rolle als Licht-, Kraft- und Wärmezentralen in unserm Wirtschaftsleben spielen, daß technisch

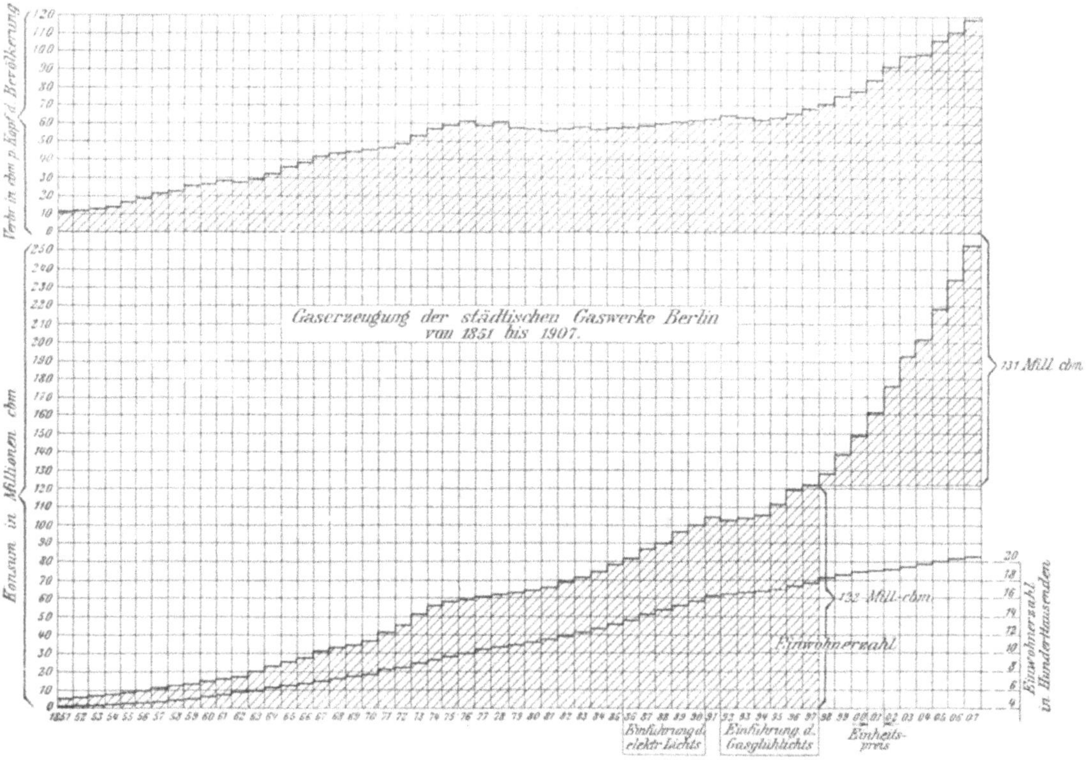

Fig. 1b. Verbrauch in cbm pro Kopf der Bevölkerung.

und wirtschaftlich die Möglichkeit vorhanden ist, durch entsprechende Maßnahmen den Gasabsatz um ein Vielfaches des.augenblicklichen zu steigern, soll in folgendem Abschnitt gezeigt werden, und es soll der Beweis erbracht werden, daß eine epochemachende Erfindung nicht das Alte vernichtet, sondern ihm neue Impulse zu einer kräftigen Entwickleung gibt.

Bevor an diese Untersuchung herangetreten wird, sei auf die eigentliche Erscheinung hingewiesen, daß der Lieferung der Energie sich im großen und ganzen der sofortige Verbrauch anzuschließen pflegt im

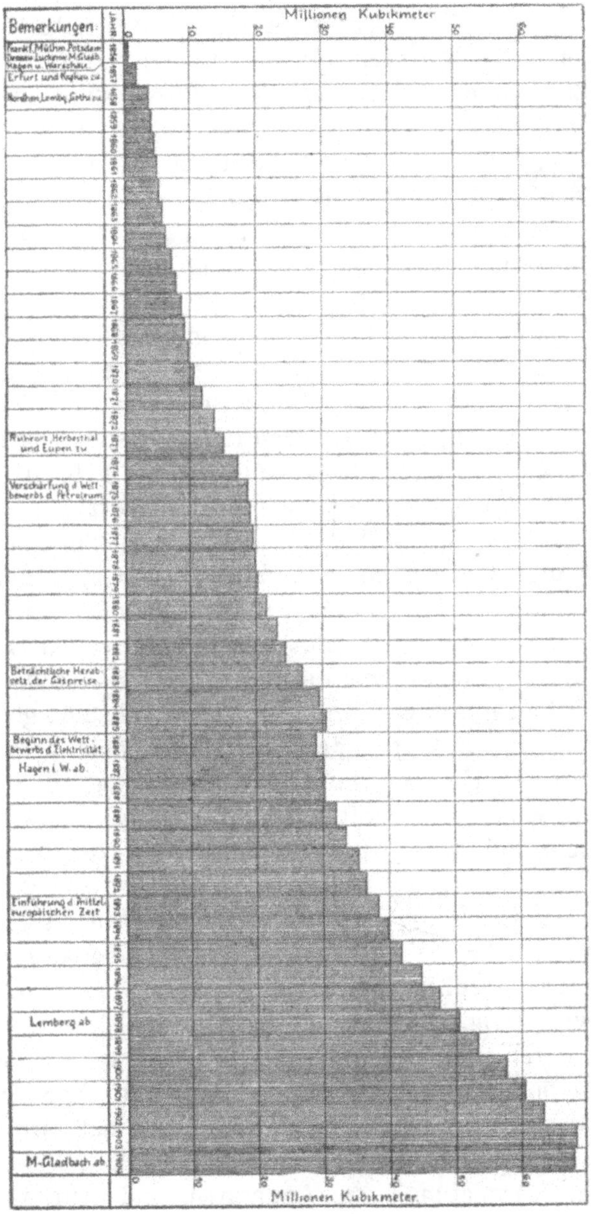

Fig. 1c. Gasproduktion der Gasanstalten der Deutschen Continental-Gas-Gesellschaft von 1856 bis 1904.

Gegensatz zum Warenaustausch, wo eine Stapelung der Ware ins Ungemessene möglich ist, wo durch Spekulation Konjunkturen künstlich geschaffen werden, die ihrerseits wieder ganze Industriezweige entstehen lassen und vernichten können. Es sei ferner vorausgeschickt, daß lange Zeit vor dem Einsetzen dieser Entwicklung infolge des steigenden Wohlstandes des deutschen Volkes das Bedürfnis für einen steigerungsfähigen Gasabsatz vorhanden war. Diese Tatsache ist von den Gaswerken auch anerkannt worden, wie die angegebenen Zahlen über den Konsum pro Kopf der Bevölkerung, der im Gasjournal registrierte zunehmende Verbrauch von Petroleum, Brennspiritus und anderen lichtspendenden Brennstoffen zeigen, doch die deutschen Gaswerke, sowohl die im Privat- wie im städtischen Besitz befindlichen, haben es aus nicht verstandenem Interesse unterlassen, solange sie die Monopolstellung besassen, dies Bedürfnis zu befriedigen. Erst als die Elektrizität ihnen auf den Leib rückte, als die Gaswerke in ihrer Lebensfähigkeit bedroht wurden, bequemten sie sich, aus der Reserve herauszutreten. Im harten Kampfe um die bevorzugte Machtstellung, in der sie sich fast ein Jahrhundert lang sonnen durften, vollzog sich eine vollständige Umwälzung von innen und von außen. Die Einführung der Maschine, der modernen Transportmittel in den Produktionsprozeß, der Übergang zu sich selbst entleerenden Öfen, die Ausnutzung der Nebenprodukte und die Lösung der schon in den 70 er Jahren aufgerollten Wassergasfrage bedeuten einen vollständigen Bruch mit dem seit fast einem Jahrhundert handwerksmäßig betriebenen Gaserzeugungsprozeß. Hierzu kommt, daß die Gastechnik in den letzten 30 Jahren auf eine wissenschaftliche Grundlage gestellt wurde, Studien und chemische Kontrollen die Produktion zu heben begannen, so daß sich die Gaswerke zu chemisch-technischen Betrieben entwickelten. Die Erfindung des Gasglühlichtes, die Einführung des Münzgasmessers, die Fernversorgung durch Überlandzentralen verschafften dem Gase außerordentlich große Absatzgebiete in allen Schichten der Bevölkerung, in Stadt und Dorf. »Aus dem vornehmen Gasdirektor der guten alten Zeit, der ruhig zu Hause saß und sich um einen Gasanschluß höflichst bitten ließ, wurde ein routinierter Geschäftsmann, der Vorträge über die Vorzüge des Gases hält, Unterrichtskurse im Gaskochen und Ladenausstellungen veranstaltet, Reklame in Wort und Schrift, Vermietung von Apparaten und Abzahlungsgeschäfte betreibt, um die Gasabnehmer heranzulocken.« Der wirtschaftliche Zusammenschluß der deutschen Gaswerke für den Einkauf der Rohprodukte und den Verkauf der Nebenprodukte berechtigt zu den größten

Hoffnungen gegenüber dem maßlosen Verhalten der diese Produkte vertreibenden Syndikate. Es verlohnt sich wohl der Mühe, diese gewaltigen Umwälzungen, die sich im Laufe weniger Jahre vollzogen und die wir als die höheren Betriebsformen der Gaswerke bezeichnen wollen, des näheren zu untersuchen, um zu ergründen, ob die 1000 Mill. Mark an Kapitalaufwand, die sie erforderten, nötig waren, ob sie gewinnbringend angelegt sind.

Die höheren Betriebsformen der deutschen Gaswerke.

Untersuchungen über die Fortentwickelung einer Industrie, die über das eben Gesagte Aufschluß geben sollen, führen nur zum Ziel, wenn man analytisch vorgeht, wenn man eine Gliederung der Erscheinungsform vornimmt, in der uns die Fortentwickelung entgegentritt. Es ist einleuchtend, daß die Ausbreitung des Verwendungsgebietes von der Entwickelung des Erzeugungsprozesses abhängig ist; denn erst das Vorhandensein des Produkts bietet die Möglichkeit des Absatzes. Während nun die Erzeugung eines Produktes eine mehr die rein technische Seite des Industriezweiges betreffende Tätigkeit ist, pflegt der Schwerpunkt des Absatzes vorwiegend in der administrativen zu liegen. Vom technischen und kaufmännischen Gesichtspunkt aus sollen deswegen auch die höheren Betriebsformen der deutschen Gaswerke im Folgenden betrachtet werden.

«Die vorwiegende Meinung bezüglich der Leuchtgasherstellung ist, daß es ein sehr einfacher Prozeß ist; man beschreibt ihn als das Aufrechterhalten starker Feuer, das Einwerfen von Kohlen in heiße Retorten und das Sammeln und Trennen der verschiedenen Erzeugnisse.» Dieser trefflichen Definition Cleggs vom Jahre 1859 in bezug auf den Grundprozeß sei der Übersicht halber noch hinzugefügt, daß 100 kg der in die heißen Retorten geworfenen Kohlen ca. 30 cbm Gas geben, daß ferner als Nebenprodukte etwa 70 kg Koks und 5 kg Teer gewonnen werden.

Für die Aufrechterhaltung des Feuers zum Erhitzen der Retorten sind etwa 20 kg Koks für je 100 kg der zu vergasenden Kohlen erforderlich, so daß ca. 50 kg für den Verkauf frei werden. In neuerer Zeit erfolgt noch die Verarbeitung des ebenfalls als Nebenprodukt auftretenden Zyans und Ammoniaks.

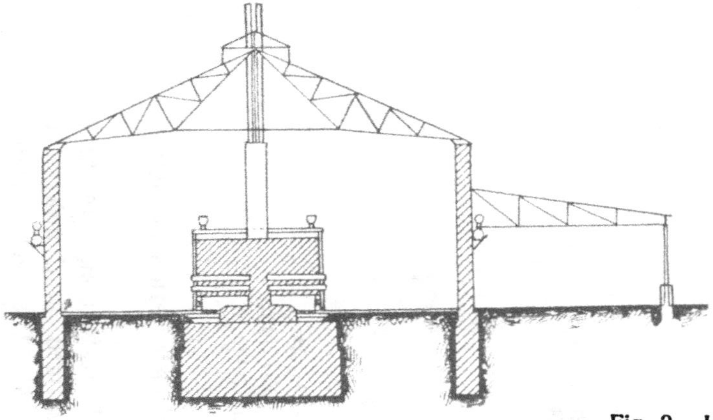

Gewöhnlicher Rostofen.
Unterfeuerung 18 % der vergasten Kohle.

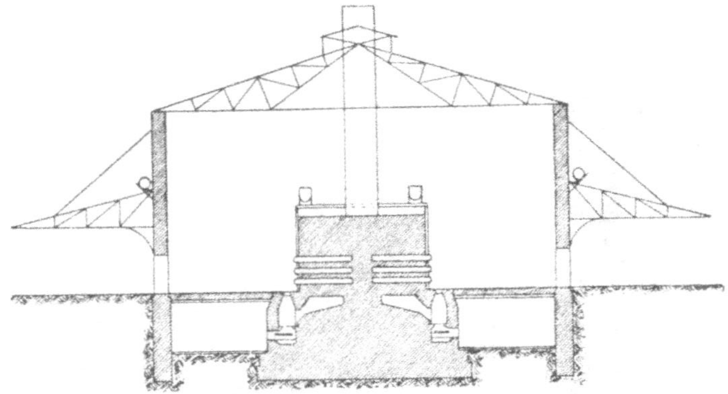

Hasse-Didier Generatorofen.
Gasproduktion pro Retorte und Tag 220 cbm.
Unterfeuerung 12 % der vergasten Kohle.

Fig. 2. Handarbeit.

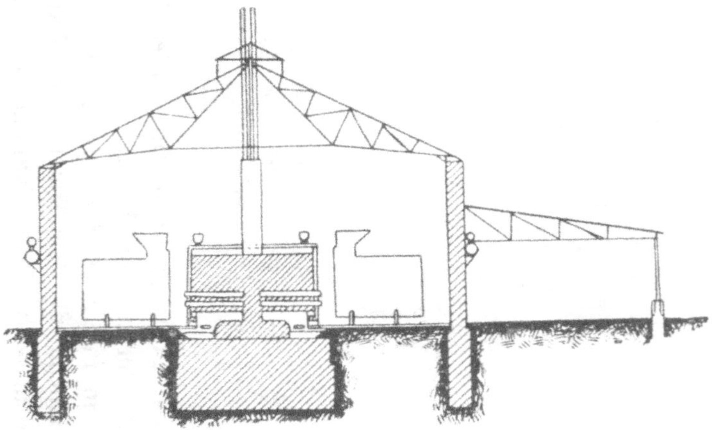

Gewöhnliche Rostofen.
Unterfeuerung 18 % der vergasten Kohle.

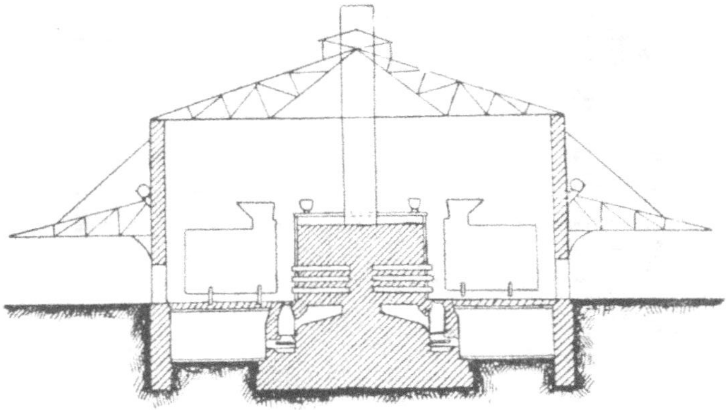

Hasse-Didier Generatorofen.
Gasproduktion pro Retorte und Tag 220 cbm.
Unterfeuerung 12 % der vergasten Kohle.

Fig. 3. Arrol-Foulis Zieh- und Lademaschinen.

Bis auf den heutigen Tag ist dieser seit Erfindung der Gasfabrikation bestehende Grundprozeß beibehalten worden. Allerdings muß zugegeben werden, daß die Verbesserungen, welche im Grundprozeß

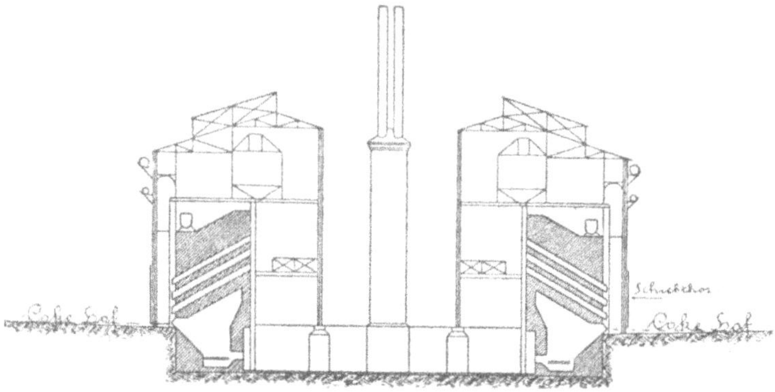

Fig. 4. Cozeofen mit 4,75 m langen Retorten.
Gasproduktion pro Retorte und Tag 500 cbm.
Unterfeuerung 12 % der vergasten Kohle.

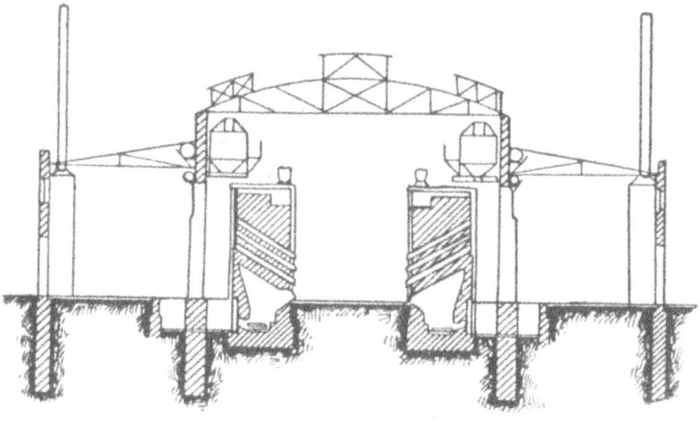

Fig. 4a. Cozeofen mit 3,60 m langen Retorten.
Gasproduktion pro Retorte und Tag 350 cbm.
Unterfeuerung 12 % der vergasten Kohle.

im Laufe der Jahre gemacht wurden, in ökonomischer Beziehung wesentliche Vorteile brachten.

In Fig. 2 bis 8 ist die Entwickelung der Retortenöfen dargestellt, beginnend mit dem Rostofen zu Anfang des vorigen Jahrhunderts bis zu dem Vertikal- und Kammerofen im Jahre 1906. Die nachstehenden

Tabellen I und II geben einige charakteristische Daten der einzelnen Ofenkonstruktionen. Wir sehen, wie die Gaserzeugung pro Ofen und Tag von 368 auf 5000 cbm stieg, wie die Ofenhausgrundfläche pro 100 t vergaster Kohlen von 1320 auf 375 qm zusammenschrumpft, wie aber auch die Baukosten pro Ofen von M. 5000 auf 60 000 anwachsen. Ganz besonderes Interesse erregt die Zahl der Arbeiterschichten, die von 130 auf 4 herabgeht. Hier kommt deutlich die Loslösung des Betriebes vom Arbeiter zum Ausdruck, wobei noch zu berücksichtigen ist, daß bei den Coze-, Vertikal- und Kammer-

Tabelle I.

Übersicht über die Fortschritte im Ofenbetrieb.

(Kalender für das Gas- und Wasserfach.)

Ofensystem	Jahr der Einführung	Pro Ofen in 24 St.			Pro 100 t in 24 St. vergaster Kohlen						Baukosten	
		Kohlen vergast t	Gas erzeugt cbm	Koks verheizt t	Gas erzeugt cbm	Erforderliche Öfen	Ofenfläche qm	Ofenhausfläche qm	Zahl der Arbeiterschichten	Koks verheizt t	pro Ofen M.	pro t Kohle täglich M.
Cleggscher Rostofen .	1820	1,5	368	0,7	24 000	66	488	1320	130	43	5 000	330
Rostofen mit 7 Retorten.	1862	4,3	1200	0,9	28 000	23	242	690	45	22	8 000	184
Generatorofen	1879	8,1	2400	1,0	30 000	13	179	910	40	13	15 000	195
Coze-Ofen .	1885	10,8	3240	1,6	30 000	8	158	544	15	15	25 000	200
Vertikalofen (trock. Betrieb)	1905	12,5	4000	1,9	32 000	8	195	432	9	15	40 000	320
Kammerofen	1906	15,6	5000	2,3	32 000	6	156	375	4	15	60 000	360

öfen bereits der dreimalige Schichtwechsel pro Tag, also die achtstündige Arbeitszeit gegenüber der früher üblichen 10 bis 12 stündigen eingeführt war.

Welchen Einfluß auf die Loslösung des Betriebes vom Arbeiter in den einzelnen Phasen der Entwicklung die Einführung der Maschine in den Produktionsprozeß hatte, konnte ziffermäßig nicht ermittelt werden, da für dieselben Ofengattungen ein Unterschied mit und ohne maschinellen Betrieb nicht gemacht ist. So viel steht indessen fest, daß die Bedeutung der Zieh- und Lademaschine überschätzt wird, die häufigen Reparaturen beim hydraulischen Antrieb veranlaßten bald wieder die Rückkehr zum Handbetrieb. Erst seit Einführung des elektrischen Antriebes und der durchgehenden wagerechten Retorten,

Tabelle II. **Kosten der Vergasung von 570 t Kohlen**

Ofensystem	Gewöhnliche 7er Rostöfen mit Handbetrieb	Hasse-Didier Generatoröfen mit Handbetrieb	Hasse-Didier Generatoröfen mit Arral & Foulis' hydraulischen Zieh- und Lademaschinen
Zahl der Öfen und Retorten	118 Stück 7er Öfen = 826 Retorten	80 Stück 9er Öfen = 720 Retorten	86 Stück 9er Öfen = 774 Retorten
Vergaste Kohle pro Retorte und Tag	690 kg	790 kg	740 kg
Gaserzeugung pro 1000 kg Kohlen	280 cbm	300 cbm	300 cbm
Gaserzeugung pro qm Retortenhausfläche	36 „	39 „	36 „
Gaserzeugung pro Retortenhausarbeiter	600 „	760 „	1030 „
Im Retortenhaus beschäftigte Arbeiter	4 Aufseher à M. 6,— = 24,— 236 Retortenheizer à M. 5,50 = 1298,— 16 Kokslöscher und Karrer à M. 4,— = 64,— 11 Kohlenarbeiter à M. 4,— = 44,—	4 Aufseher à M. 6,— = 24,— 160 Retortenheizer à M. 5,50 = 880,— 10 Generatorheizer à M. 5,50 = 55,— 40 Kokslöscher und Karrer à M. 4,— = 160,— 10 Steigerohrputzer à M. 4,25 = 42,50 2 Maschinisten für die Aufzüge à M. 4,50 = 9,—	4 Aufseher à M. 6,— = 24, 20 Mann an Zieh- und Lademaschinen à M. 5,50 = 110,— 30 Helfer à M. 4,50 = 135,— 10 Generatorheizer à M. 5,50 = 55,— 42 Kokslöscher und Karrer à M. 4,— = 168,— 56 Steigerohrputzer à M. 4,25 = 238,— 2 Maschinisten für Kohlenelevator à M. 4,50 = 9,— 2 Maschinisten für hydraul. Masch. à M. 4,25 = 8,50
	267 Mann in 24 St. = M. 1430,—	226 Mann in 24 St. = M. 1170,—	166 Mann in 24 St. = M. 747,50
Arbeitslohn d. i. Ret.-Haus besch. Arb. pro 100 cbm Gaserzeugung	90 Pf.	67 Pf.	43,5 Pf.
Arbeitslohn für Beschicken u. Entleeren der Retorten pro 100 cbm Gaserzeugung	81,2 „	51,2 „	14,3 „
Arbeitslohn für Kohlen und Kokstransport im Retortenhaus pro 100 cbm Gas	6,8 „	9,9 „	10,1 „
Arbeitslohn für Generatorheizer pro 100 cbm Gas		3,2 „	3,2 „

pro 24 Stundentag (Drory).

Öfen mit geneigten Retorten	Öfen mit geneigten Retorten und Kohlen und Kokstransportrinnen	Öfen mit vertikalen Retorten nebst Kohlen und Kokstransportrinnen	Öfen mit geneigten Kammern nebst Kohlen und Kokstransportrinnen
46 Stück 9er Öfen = 414 Retorten	46 Stück 9er Öfen = 414 Retorten	23 Stück 18er Öfen = 414 Retorten	27 Stück 3er Öfen = 81 Kammern
1380 kg	1380 kg	1380 kg	7000 kg
300 cbm	300 cbm	320 cbm	320 cbm
46 „	47 „	75 „	90 „
1700 „	2200 „	6300 „	6300 „
2 Aufseher à M. 6,— = 12,— 64 Retortenheizer à M. 5,50 = 325,— 5 Generatorheizer à M. 5,50 = 27,50 22 Kokslöscher und Karrer à M. 4,25 = 93.50 4 Steigerohrputzer à M. 4,25 = 17,— 2 Kohlenarbeiter à M. 4,25 = 8,50 1 Mann für Masch. und Elevator à M. 4,50 = 4,50	2 Aufseher à M. 6,— = 12,— 58 Retortenheizer à M. 5,50 = 319,— 5 Generatorheizer à M. 5,50 = 27,50 4 Steigerohrputzer à M. 4,25 = 17,— 3 Mann für Masch. und Koksrinne à M. 4,50 = 13,50 3 Mann für Masch. u. Kohlenelevator à M. 4,50 = 13,50 3 Mann für Kohlentransportband à M 4,50 = 13,50	3 Aufseher à M. 6,— = 18,— 10 Retortenheizer à M. 5,50 = 55,— 5 Generatorheizer à M. 5,50 = 27,50 3 Steigerohrputzer à M. 4,25 = 12,75 3 Mann für Masch. und Koksrinne à M. 4,50 = 13,50 3 Mann für Masch. u. Kohlenelevator à M. 4,50 = 13,50 3 Mann für Kohlentransportband à M. 4,50 = 13,50	3 Aufseher à M. 6,— = 18,— 10 Retortenheizer à M. 5,50 = 55,— 5 Generatorheizer à M. 5,50 = 27,50 3 Steigerohrputzer à M. 4,25 = 12,75 3 Mann für Masch. und Koksrinne à M. 4,50 = 13,50 3 Mann für Masch. u. Kohlenelevator à M. 4,50 = 13,50 3 Mann für Kohlentransportband à M. 4,50 = 13,50
100 Mann in 24 St. = M. 515,—	78 Mann in 24 St. = M. 416,—	29 Mann in 24 St. = M. 153,75	29 Mann in 24 St. = M. 153,75
30 Pf.	24,3 Pf.	8,4 Pf.	8,4 Pf.
19 „	18,7 „	3 „	3 „
6,2 „	2,35 „	2,35 „	2,35 „
1,6 „	1,6 „	1,6 „	1,6 „

die statt des Ziehens ein Hinausstoßen der entgasten Kohlen ermöglichten, bietet die Maschine wesentliche Vorteile. Auch in der Aufbereitung der Kohlen und des Kokses ist der Einfluß der Maschine schon frühzeitig zu erkennen. Mit dem Übergang zu den sich selbst entleerenden

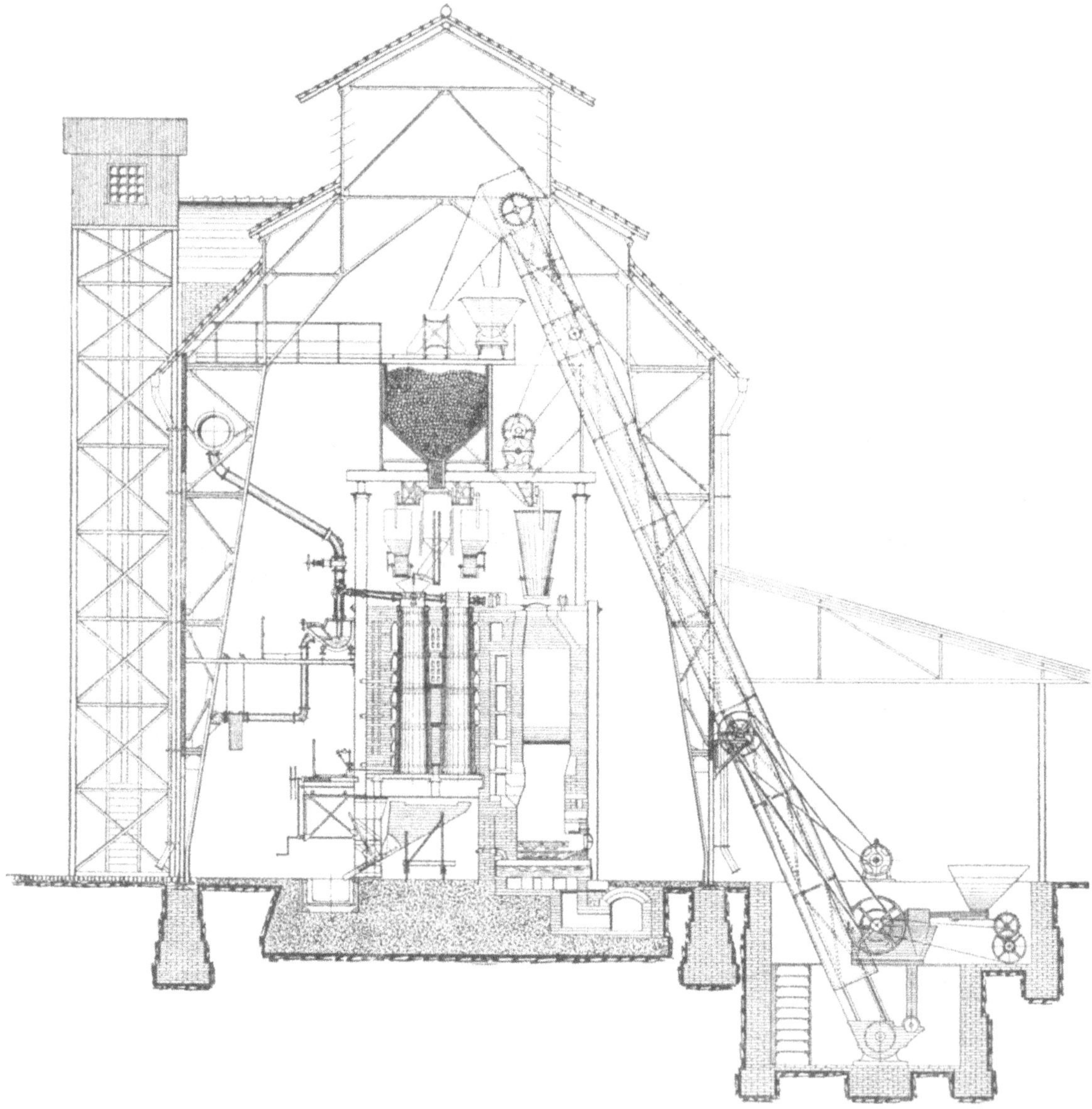

Fig. 5. Querschnitt durch ein Vertikalofenhaus (Bauart Didier) mit seitlich liegender Kohlenaufbereitung.

Tabelle III.

Arbeitskosten für Beschickung und Entleerung von Retorten und Kammern pro 100 cbm Gas (Körting).

Anzahl der Arbeiter	Arbeitslohn in Mark	Gaserzeugung pro 24 Stunden in cbm																					
		20 000	25 000	30 000	35 000	40 000	45 000	50 000	55 000	60 000	65 000	70 000	75 000	80 000	85 000	90 000	95 000	100 000	105 000	110 000	115 000	120 000	125 000
10	55,00	27,50	28,—	18,33	15,72	13,78	12,22	11,—	10,—	9,17	8,46	7,86	7,33	6,88	6,47	6,11	5,70	5,50	5,24	5,—	4,80	4,59	4,40
9	49,50	24,75	19,80	16,50[1]	14,14	12,38	11,—	9,90	9,—	8,25	7,61	7,07	6,60	6,19	5,70	5,50	5,21	4,95	4,71	4,50	4,30	4,13	3,96
8	44,—	22,—	17,60	14,66	12,58	11,—	9,98	8,80	8,—	7,33	6,77	6,29	5,53	5,50	5,18	4,89	4,63	4,40	4,19	4,—	3,83	3,66	3,52
7	38,50	19,25	15,40	12,83	11,—	9,63	9,88	7,70	7,—	6,42	5,96	5,58	5,13	4,92	4,55	4,94	4,05	3,85	3,66	3,50	3,35	3,21	3,08
6	33,—	16,50	13,20	11,—	9,44	8,23	7,32	6,60	6,—	5,50	5,08	4,72	4,40	4,12	3,88	3,66	3,47	3,30	3,14	3,—	2,87	2,75	2,64
5	27,50	13,75	11,—	9,17	7,88	6,88	6,12	5,50[2]	5,—	4,55	4,23	3,94	3,66	3,44	3,24	3,06	2,85	2,75	2,62	2,50	2,40	2,28	2,20
4	22,—	11,—	8,80	7,33	6,28	5,50	4,88	4,40	4,—	3,67	3,39	3,14	2,93	2,75	2,59	2,44	2,32	2,20	2,09	2,—	1,92	1,84	1,76
3	16,50	8,25	6,60	5,50	4,72	4,13	3,66	3,30	3.—	2,75	2,54	2,36	2,20	2,07	1,94	1,83	1,74	1,65	1,57	1,50	1,44	1,38	1,32
2	11,—	5,50	4,40	3,67	3,32	2,75	2,44	2,20	2,—	1,83	1,70	1,66	1,47	1,38	1,30	1,22	1,16	1,10	1,04	1,—	0,96	0,92	0,88
1	5,50	2,75	2,20	1,83	1,58	1,38	1,22	1,10	1,—	0,92	0,85	0,79	0,73	0,69	0,65	0,61	0,58	0,55	0,52	0,50	0,48	0,46	0,44

[1] Cozeöfen. — [2] 12er Vertikalöfen.

Öfen, der sich in den 90 er Jahren vollzog, fanden die zur Beförderung von Massengütern dienenden Transportmittel Eingang in den Produktionsprozeß und führten zu den hochentwickelten Transportrinnen und Transportbändern, die wir heute in den Gasanstalten antreffen, und die so eng mit den sich selbst entleerenden Öfen verbunden sind, daß wir uns diese ohne den maschinellen Betrieb überhaupt nicht denken können.

Die sich selbst entleerenden Öfen lassen nach den vielen Versuchen, die mit den verschiedenen Konstruktionen gemacht sind, jetzt deutlich die Richtung erkennen, welche die Entwickelung der Vergasungsöfen einschlagen wird. Für die künftige Entwickelung des Vergasungsofens ist die noch weitere Herabdrückung der Arbeitskosten weniger wichtig. In der vorstehenden Tabelle III ist der Einfluß, den die Arbeiterlöhne auf die Gestehungskosten pro 100 cbm Gas haben, ausgerechnet. Wir sehen, daß der Arbeitslohnanteil für Beschicken und Entleeren der Retorten bei den Cozeöfen 16,5 Pf., bei den Vertikalöfen nur noch 5,5 Pf. beträgt. Das ist gegenüber den Gesamtselbstkosten des Gases, die etwa M. 7 bis 8 pro 100 cbm betragen, so verschwindend wenig, daß selbst die Verringerung der Arbeitskosten auf 3 Pf. bei 100 cbm Gas bei den Kammeröfen nicht die Mühe und Arbeit lohnt, die bei den Versuchen aufgewendet werden. Ausschlaggebend allein für die weitere Ausgestaltung des Vergasungsofens ist die noch größere Loslösung des Betriebes vom Arbeiter, und einige Fachleute glaubten deshalb, den Vertikalofen, bei dem die höchste Produktion pro Arbeiter und Tag bisher etwa 7000 cbm beträgt, als überwunden betrachten zu sollen, und wendeten bereits ihre Aufmerksamkeit den kontinuierlichen Öfen und den Kammeröfen zu, die eine Produktion von 20 000 cbm pro Tag und Arbeiter ergeben. In allerjüngster Zeit kommt nun Körting mit Versuchen heraus (Gasj. 1910, Heft 1), die an einem Ofen mit 18 statt 12 vertikalen Retorten gemacht sind und die ebenfalls pro Tag und Arbeiter bis zu 20 000 cbm Leistung aufweisen.

Das dürfte der Weisheit letzter Schluß sein, 20 000 cbm Gasproduktion pro Tag und Arbeiter bedeutet bereits die völlige Unabhängigkeit des Ofenhausbetriebes vom Arbeiter; denn die geringe Arbeitsleistung, die bei diesen hochentwickelten Öfen aus ein Paar Handgriffen beim Öffnen und Schließen von Deckeln besteht, können hochbesoldete Arbeiter, ja sogar Gaswerksbeamte im Falle eines Arbeiterstreiks verrichten.

Interessant ist es nun, zu erfahren, welchem der rivalisierenden Ofensysteme die Zukunft gehören wird. Die Richtigkeit der öffentlich im Journal 1909/10 bekanntgegebenen Angaben vorausgesetzt, dürfte

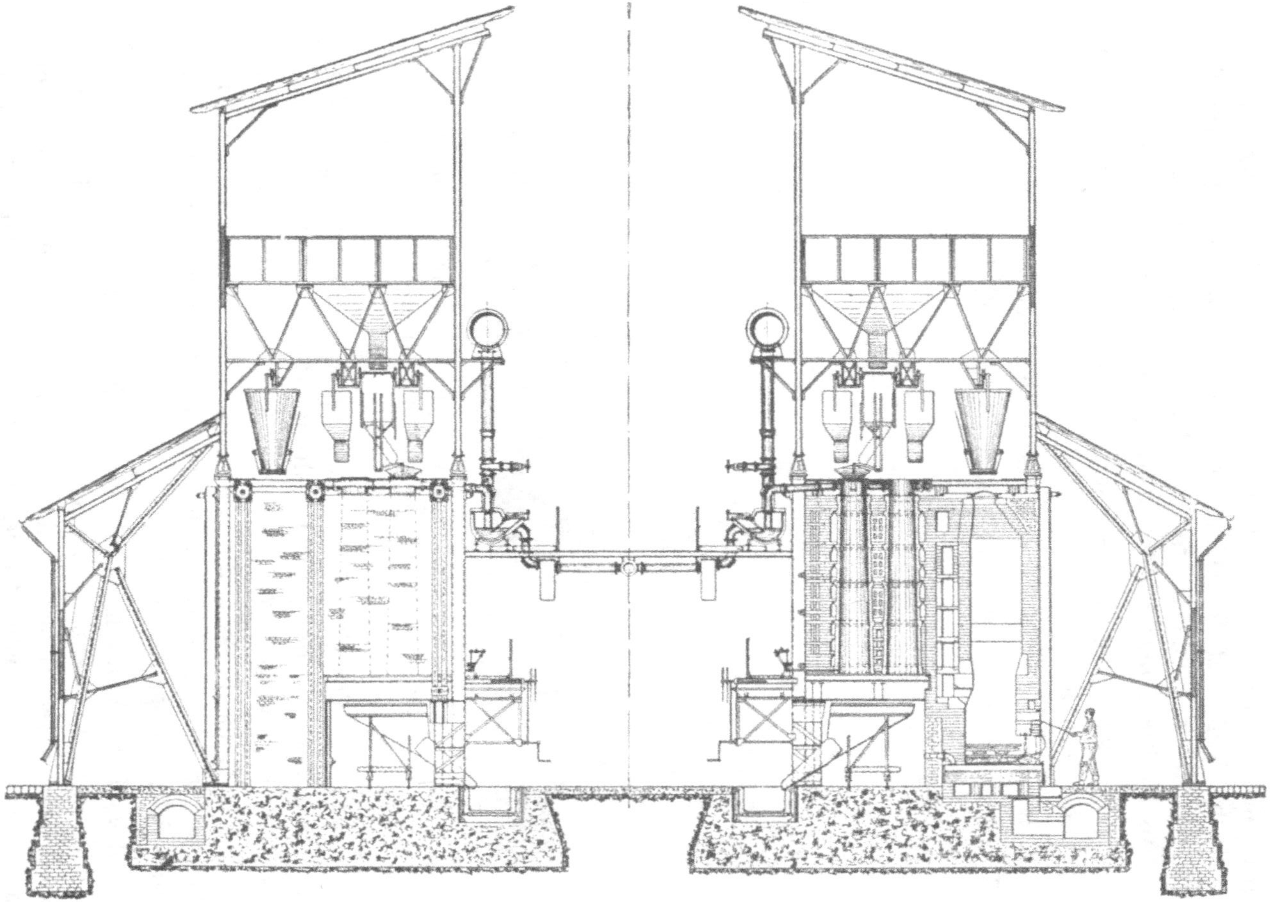

Fig. 6.
Querschnitt durch das Vertikalofenhaus (Bauart Oberspree) auf dem Gaswerk in Oberspree bei Berlin.

von den einzelnen Systemen Folgendes zu sagen sein. Die kontinuierlichen Öfen bilden das anzustrebende Ideal der Gaserzeugungsöfen, da Staub, Ruß und Rauchbildung beim Betrieb völlig vermieden wird und die menschliche Arbeit im Betrieb überhaupt ausgeschaltet ist. Als Nachteile macht Körting Gasj. 1910, Heft 1 geltend:

1. Die Notwendigkeit besonderer Füll- und Entleerungsvorrichtungen für jede Retorte.

2. Die beständige Bewegung des ganzen Retorteninhalts, die auf den Koks unmöglich einen günstigen Einfluß haben kann. Man be-

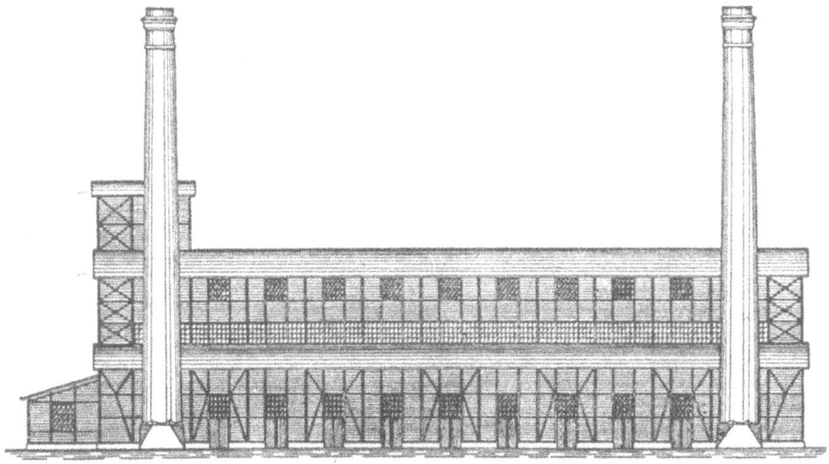

Fig. 7. Außenansicht des Vertikalofenhauses (Bauart Oberspree) auf dem Gaswerk in Weißensee bei Berlin.

denke, daß die Wirtschaftlichkeit des Systems schon völlig in Frage gestellt wird, wenn durch geringe Haltbarkeit des Kokses sich die Grusmenge nur um wenige Gewichtsprozente der vergasten Kohle erhöht.

3. Die Unmöglichkeit, die stets ganz volle Retorte von innen zu sehen und zu kontrollieren, ob sie nicht reparaturbedürftig und ob die Kohle richtig ausgestanden ist.

Obwohl die Versuche mit kontinuierlichen Öfen noch nicht abgeschlossen sind, so kann man doch schon sagen, daß sie in Deutschland keinen festen Boden gewinnen werden, denn für die deutschen Gaswerke ist bei den hohen Kohlenpreisen die Koksausbeute eine Lebensfrage. Die von Körting erhobenen Befürchtungen entsprechen den tatsächlichen Verhältnissen; die Berliner städtischen Gaswerke sollen

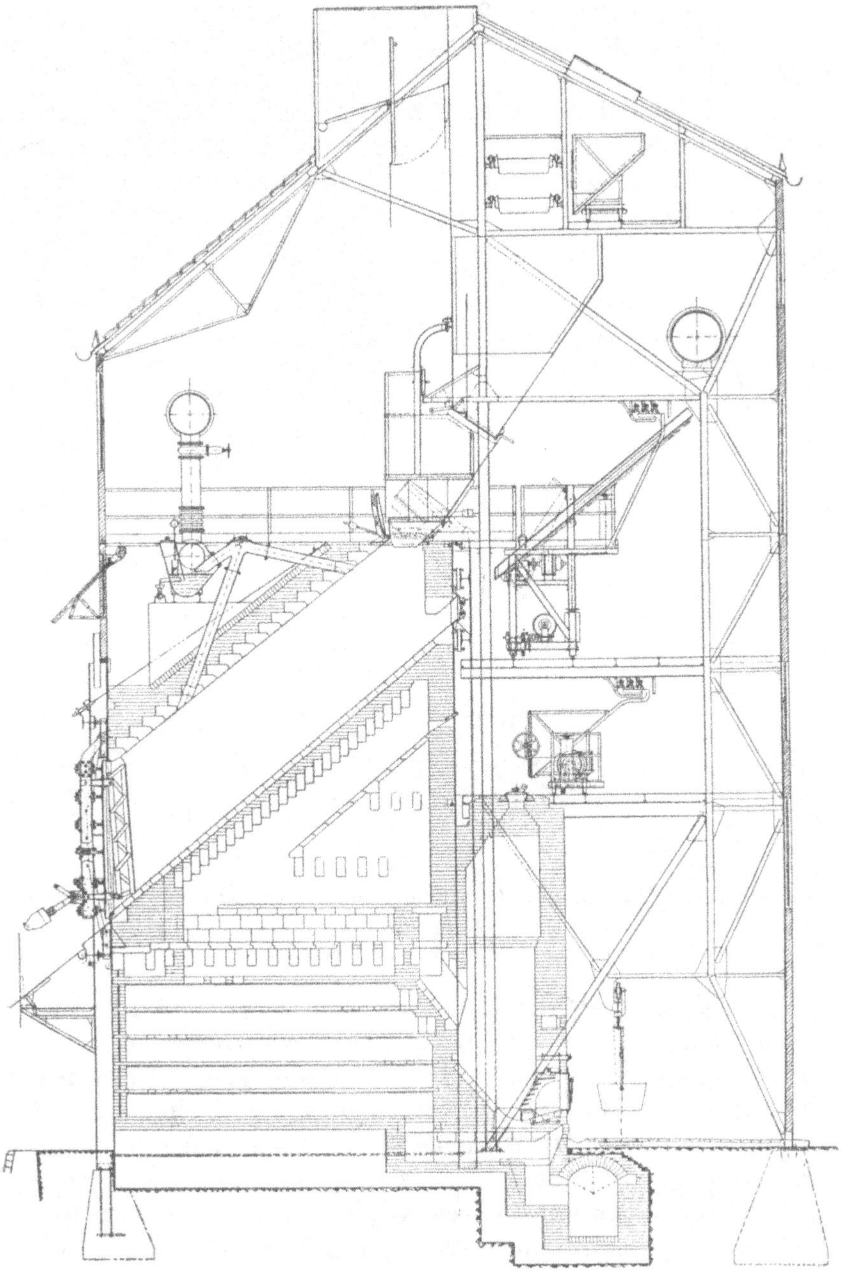

Fig. 8. Münchner Kammerofen.

bei den Probeversuchen mit kontinuierlichen Öfen sehr schlechte Koksausbeute erhalten haben und diese Öfen deshalb bereits als erledigt betrachten.

Den kontinuierlichen Öfen am nächsten kommt der Kammerofen, bei dem infolge der großen Ladungen — im städtischen Gaswerk Berlin-Tegel werden zurzeit Öfen mit 7000 Kiloladungen gebaut, und in Aussicht genommen sind bereits solche bis zu 12000 kg — und

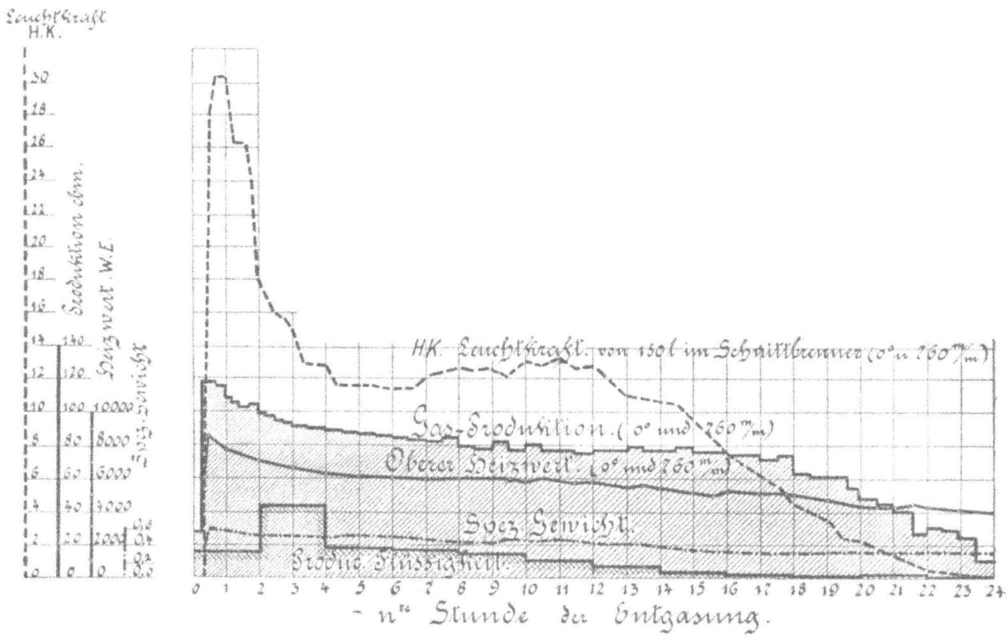

Fig. 9. Verlauf der Entgasung im Münchner Kammerofen. Ladung: 9 Kammern mit 22600 kg Saarkohle.
(Kalender für das Gas- und Wasserfach.)

der 24 stündigen Ausstehzeit die menschliche Arbeit auf ein Minimum herabgedrückt ist. Wie weit der angeblich sehr hohe Verschleiß des Schamottematerials und die große Unterfeuerung den Tatsachen entspricht, ist einwandsfrei bei den großen Öfen noch nicht nachgewiesen. Ungünstig dürfte infolge der langen Ausstehzeit auch die Ungleichmäßigkeit in der Qualität des Gases sein, wie dies bei den Koksöfen, die bisher bekanntlich nur auf den Koks, nicht auf den Gasbetrieb zugeschnitten sind, festzustellen ist. In Fig. 9 ist der Verlauf der Entgasung im Münchener Kammerofen veranschaulicht. Wir sehen, wie die Leuchtkraft und auch die Heizkraft gegen Schluß der Entgasungsperiode rapid abnimmt. Mit der größeren Ausbreitung des Gasglühlichtes verliert die Leuchtkraft immer mehr an Bedeutung und die Vorschriften in den alten Verträgen werden in bezug auf die Leuchtkraft fast überall nicht mehr eingehalten; anders steht es dagegen mit der Heizkraft des Leuchtgases, die allerdings auch eine Verminderung erfahren hat, für die jedoch noch heute 5000 WE pro cbm im Mittel mit Rücksicht auf die vorhandenen Brenner, Kocher und Motoren gefordert werden muß.

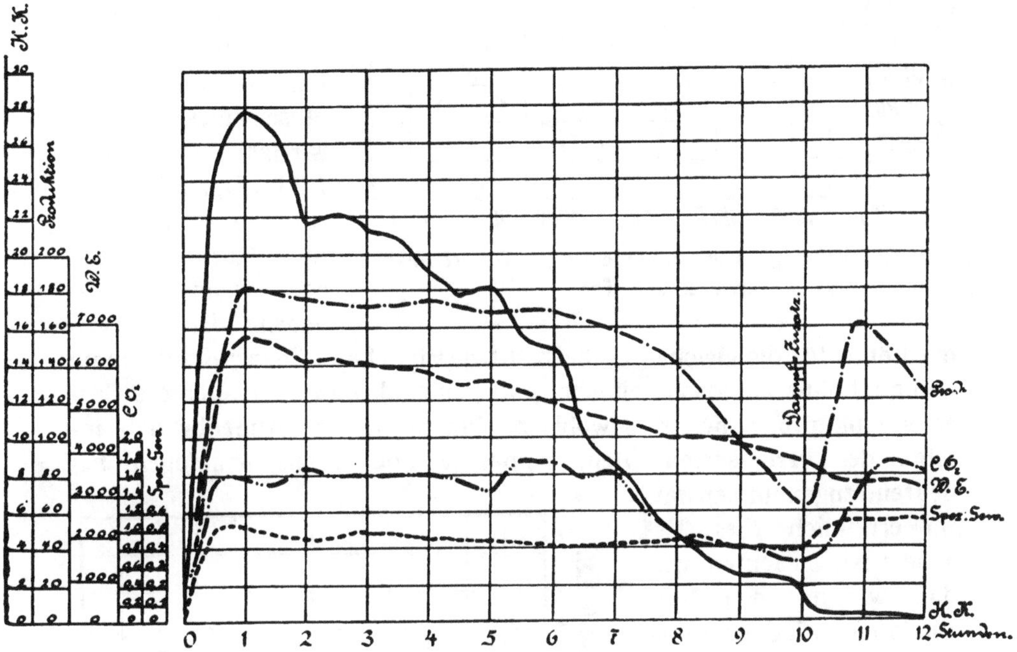

Fig. 10. Verlauf der Vergasung im Vertikalretortenofen.
(Kalender für das Gas- und Wasserfach.)

Ein Vorzug der Vertikalöfen ist es, daß diese Ungleichheit in der Qualität des Gases infolge der kürzeren Ausstehzeit weniger unangenehm in die Erscheinung tritt, wie das Diagramm Fig. 10 erkennen läßt. Ferner führt Körting noch zu ihren Gunsten die ganz erheblichen Ersparnisse an Unterfeuerung an, die nach den letzten Versuchen mit dem 18 er Ofen 12 % gegenüber 15 % des 12 er Vertikalofens und des Münchener Kammerofens betragen soll. Beachtet man weiter, daß der Vertikalofen einen ganz vorzüglichen Koks liefert, daß er sich als vollständig betriebssicher gezeigt hat, daß sehr glückliche Lösungen für die Konstruktion der Ofenhäuser mit Vertikalretorten und den erforderlichen Lade- und Entladevorrichtungen gefunden wurden

(Fig. 5, 6, 7), so darf man wohl sagen, daß dem Vertikalofen zunächst die Zukunft beschieden sein wird; es kann aber auch sein, daß Kammerofen und Vertikalofen mit gleichem Erfolge nebeneinander arbeiten, denn die Kammeröfen sind noch in der Entwicklung begriffen.

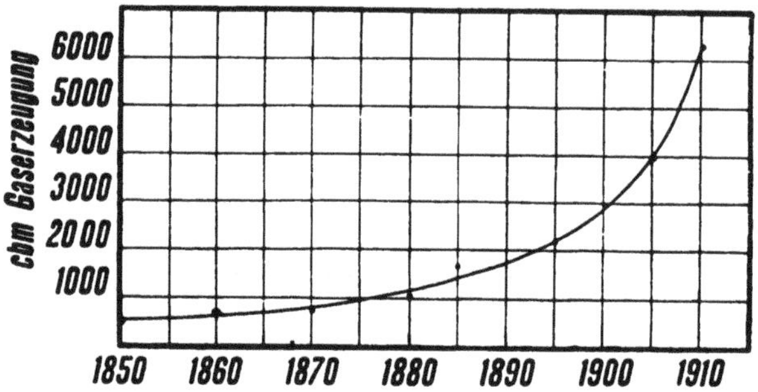

Fig. 11. Gaserzeugung in Kubikmetern pro Retortenhausarbeiter und Tag.

Tragen wir die Gaserzeugung pro Arbeiter und Tag entsprechend der Entwickelung in den letzten 50 Jahren graphisch auf, so erhalten wir das nebenstehende Bild (Fig. 11). Voll zur Geltung kommen diese Kurven jedoch erst, wenn wir daneben die Kurven der Löhne für die gleiche Zeit betrachten (Fig. 11 a). Sie lassen erkennen, daß die Löhne auf das Dreifache gestiegen sind, daß aber auch die Gaserzeugung pro Arbeiter, sowohl im Innen- wie im Außenbetrieb infolge der verbesserten Öfen, Apparate und Transportanlagen bedeutend zugenommen hat.

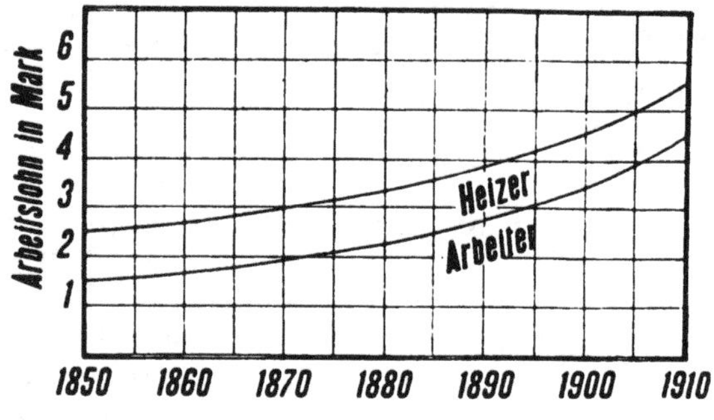

Fig. 11 a. Arbeitslohn der Retortenhausarbeiter.

So erfreulich dies Ergebnis ist, beachten wir, daß wir mit dem Vertikalofen sowie den mechanischen Transportanlagen wohl am Ende der Entwickelung sind, daß die Kohlenpreise, wie Fig. 12 zeigt, eine andauernd steigende Tendenz gehabt haben, und daß die von Tag zu Tag zunehmenden Schwierigkeiten der Kohlengewinnung schon dahin wirken, daß diese steigende Tendenz auch in Zukunft bestehen wird, so ist mit Sicherheit darauf zu rechnen, daß auch die Gaswerke eine Erhöhung der Gaspreise einmal vornehmen müssen. Wann dieser Zeitpunkt eintreten wird, ist nicht abzusehen. Bisher konnten die Verbesserungen der Betriebseinrichtungen und die Vergrößerung des Absatzes noch immer ausgleichend wirken. Wie drohend das Gespenst zu werden beginnt, zeigt die Tabelle der Selbstkosten der Berliner Werke (S. 38, 39). Diesen Zustand haben weitschauende Männer lange vorausgesehen, wie dies die grundlegenden Arbeiten des um die Gasindustrie sich so außerordentlich verdient gemachten Geh. Hofrats Bunte, Karlsruhe, erkennen lassen. In der V. D. I. 1895, S. 824, macht Schimming, Berlin, den Vorschlag, eine Änderung des seit Erfindung der Gasfabrikation unverändert gebliebenen Grundprozesses vorzunehmen und minderwertige Kohle zur Gasbereitung zu verwenden und das in solchen Fällen gewonnene Gas, welches an Leuchtkraft dem Gas der unter dem Handelsnamen Gaskohlen bekannten Kohlen erheblich nachsteht, durch Kohlenwasserstoffdämpfe aufzubessern. Unter den erwähnten Karburierungsmitteln sind besonders das Benzol und Azetylen hervorzuheben. Beide hatten volkswirtschaftlich große Bedeutung. Das Benzol ist in großen Mengen in den Gasen der Kokereien enthalten; während es bis dahin verloren ging, soweit es als Feuerungsmaterial in den Abgasen nicht benutzt wurde, würde es nunmehr als Lichtspender auftreten können. Vom Azetylen war die herrschende Meinung, daß seine Darstellung bei Ausnutzung der Kokerei- und Hochofengase und der vorhandenen Wasserkräfte so preiswürdig geschehen könnte, daß auch seine Anwendung zur Verbesserung der Leuchtkraft jener Gase aus minderwertigen Steinkohlen möglich erschien.

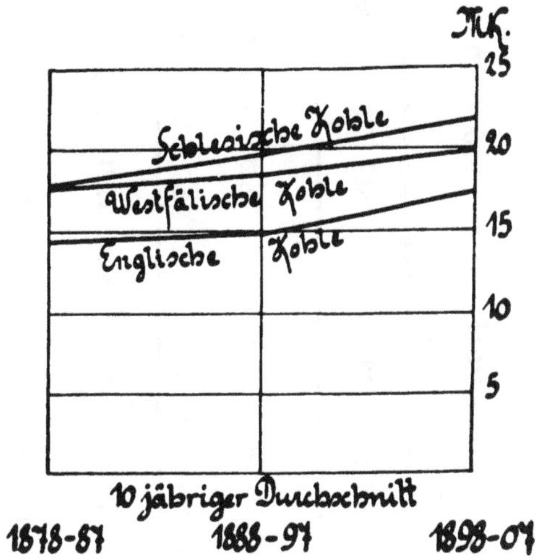

Fig. 12.
Preise der Kohle in Berlin pro 1000 kg.

Die Änderung des Grundprozesses in der hier angedeuteten Weise, die zwar schon eine höhere Rentabilität der Gaswerke gebracht hätte, wäre indessen halbe Arbeit gewesen, denn sie brachte keine Lösung der immer brennender werdenden Koksfrage. Schon seit den 80 er Jahren krankten die Gaswerke am schlechten Koksabsatz, und mancher ungünstige Jahresabschluß eines Werkes lag nicht zum geringsten Teil in den schwankenden Kokspreisen begründet. Es ist deshalb nur natürlich, daß die Entwicklung dahin ging, die Änderung des Grundprozesses

Tabelle IV.

Gestehungskosten der Berliner Städt. Gaswerke pro 1000 cbm Gas.

(Verwaltungsberichte der Stadt Berlin.)

	1878	1879	1880	1881	1882	1883	1884	1885	1886	1887	1888	1889	1890	1891	1892
Ausgaben für Kohlen und Feuerung . . .	76,16	72,30	71,71	72,34	70,53	69,66	70,17	70,31	69,66	68,79	70,02	69,46	76,56	77,57	78,05
Einnahmen f. Koks, Teer und Nebenprodukte .	49,58	55,29	59,10	56,31	50,00	51,09	51,16	51,64	51,57	43,98	49,26	56,52	53,85	53,46	51,35
Kosten für Kohlen und Feuerung	26,58	17,01	12,61	16,03	20,53	18,57	19,01	18,67	18,09	24,81	20,76	12,94	22,71	24,11	26,71
Ausgaben f. Reinigungsmaterialien	0,38	0,16	0,26	0,08	0,22	0,13	0,17	0,11	0,14	0,12	0,12	0,14	0,13	0,11	0,13
Arbeitslohn	6,16	5,78	5,44	5,71	5,77	5,71	5,78	5,78	6,66	6,47	6,52	7,00	7,86	7,65	7,76
Fabrikationskosten . .	33,12	22,95	18,31	21,82	26,52	24,41	24,96	24,56	24,89	31,40	27,40	20,08	30,70	31,87	34,60
Ausgaben für Ofenumbauten, Unterhaltung d. Gebäude, Apparate, Steuern, Versicherung, Gehälter, Pensionen etc.	22,04	21,04	21,07	22,33	20,40	20,06	20,00	18,96	19,96	18,19	19,03	16,97	18,18	18,70	19,28
	55,16	44,99	39,38	43,15	46,92	44,47	44,96	43,52	43,85	49,59	46,43	37,45	48,88	50,57	53,89
Amortisation u. Zinsen	47,06	45,51	43,57	41,96	36,33	35,77	20,58	29,51	29,57	28,36	28,62	27,55	27,74	29,29	31,21
Summe der Ausgaben	102,22	90,50	82,95	85,11	83,25	80,24	65,54	73,03	73,42	77,95	75,05	65,00	76,62	79,86	85,09

Tabelle IV.

Gestehungskosten der Berliner Städt. Gaswerke pro 1000 cbm Gas.

(Verwaltungsberichte der Stadt Berlin.)

	1893	1894	1895	1896	1897	1898	1899	1900	1901	1902	1903	1904	1905	1906	1907	1908
Ausgaben für Kohlen und Feuerung . . .	78,17	77,80	75,19	74,57	71,91	73,30	73,61	80,99	85,01	76,96	73,82	70,76	69,86	70,96	74,34	80,67
Einnahmen f. Koks, Teer und Nebenprodukte .	53,54	48,74	48,24	49,43	47,80	42,88	44,28	54,45	49,17	39,49	41,16	41,50	41,86	48,31	51,86	55,94
Kosten für Kohlen und Feuerung	24,63	29,06	26,95	25,14	24,11	30,42	29,33	26,54	35,85	37,47	32,66	29,25	28,00	22,65	22,48	24,74
Ausgaben f. Reinigungsmaterialien	0,09	0,18	0,13	0,09	0,09	0,23	0,06	0,24	0,08	0,17	0,27	0,25	0,27	0,27	0,37	0,60
Arbeitslohn	7,57	7,74	7,68	8,51	8,60	8,60	9,32	9,83	10,05	9,78	9,31	8,63	8,77	8,76	9,30	8,78
Fabrikationskosten . .	32,69	36,98	34,76	33,74	32,80	39,25	38,71	36,61	45,98	47,42	42,24	38,13	37,04	31,68	32,15	34,12
Ausgaben für Ofenumbauten, Unterhaltung d. Gebäude, Apparate, Steuern, Versicherung, Gehälter, Pensionen etc.	20,20	22,22	22,09	20,52	23,96	23,14	22,76	22,82	23,76	24,93	25,15	24,82	26,90	29,21	32,66	35,21
	52,89	59,20	58,85	54,26	56,76	62,39	61,47	59,43	69,74	72,35	67,39	62,95	63,94	60,89	64,81	69,33
Amortisation u. Zinsen	32,50	34,77	33,40	32,51	30,58	27,92	26,37	25,44	24,69	26,44	21,34	19,21	18,00	21,84	20,69	21,17
Summe der Ausgaben	85,39	93,97	90,25	86,77	87,34	90,31	87,34	84,87	94,43	98,79	88,73	82,16	81,94	82,73	85,00	90,50

unter Verwendung des als Nebenprodukt gewonnenen Kokses vorzunehmen, um so regulierend den Koksmarkt beeinflussen zu können. Die Kenntnis des Prozesses in dieser Form ist alt; schon um die Mitte des vorigen Jahrhunderts finden wir unter dem Namen Wassergas die Darstellung beschrieben. Der Vorgang ist im Gegensatz zur trockenen Destillation der Steinkohlen dadurch gekennzeichnet, daß Wasserdampf über glühenden Koks geleitet wird, wobei eine Zerlegung des Wassers in seine Elemente vor sich geht. Das Endprodukt besteht in der Hauptsache aus Wasserstoff und Kohlenoxyd, und zwar dem Volumen nach zu fast gleichen Teilen.

Theoretisch finden nach dem Kalender für das Gas- und Wasserfach folgende Wärmevorgänge statt:

$$\underset{0{,}536\ \mathrm{g}}{C} + \underset{1\ \mathrm{cbm}}{H_2O} = \underset{1\ \mathrm{cbm}}{CO} + \underset{1\ \mathrm{cbm}}{H_2} = 2\ \text{cbm Wassergas}$$

$$-2570\ \text{WE} + 1303\ \text{WE} = -1267\ \text{WE für 2 cbm}$$

$$\text{Wärmeverbrauch für 1 cbm} = 634\ \text{WE.}$$

Dieser Wärmeverbrauch wird durch das Einblasen von Luft und teilweises Verbrennen von C wieder ersetzt. Die Wassergasfabrikation ist daher keine kontinuierliche, sondern der Betrieb setzt sich aus Gase- und Warmblaseperiode zusammen.

In der Praxis ergibt sich im Durchschnitt die folgende Wärmebilanz:

Aus 1 kg Koks mit 10 % Asche = 900 g C werden 2 cbm Wassergas bei 0° und 760 mm von der Zusammensetzung:

$$6{,}2\,\%\ CO_2,\ 38{,}6\,\%\ CO,\ 51{,}0\,\%\ H_2,\ 4{,}2\,\%\ N_2 = 100\ \text{Vol.}\,\%.$$

Kohlenoxyd und Kohlensäure enthalten

$$(6{,}2 + 38{,}6) \times 536 = 0{,}240\ \text{kg C pro cbm Wassergas}$$

$$38{,}6\,\%\ CO \times 3034 = 1171\ \text{WE}$$

$$51{,}0\,\%\ H_2 \times 2570 = 1311\ \text{„}$$

$$2482\ \text{WE pro cbm Wassergas.}$$

Gesamtwärme des aufgewendeten Kokses 0,9 · 8100 = 7290 WE

„ „ erhaltenen Wassergases 2 · 2482 = 4964 „

Also zur Umwandlung im Apparat verbraucht: 2326 WE.

Von 100 WE des gebrauchten Kokses werden 68,1 % im Wassergas wiedergewonnen, zur Umwandlung werden 31,9 % verwendet.

Von unserm gewöhnlichen Leuchtgas unterscheidet sich das Wassergas im wesentlichen dadurch, daß ihm die schweren Kohlenwasserstoffe fehlen und seine Leucht- wie Heizkraft bedeutend niedriger sind als bei jenem; außerdem ist es fast geruchlos und infolge des großen Kohlenoxydgehaltes äußerst giftig. Soll seine Verwendung an Stelle des Leuchtgases treten, so muß eine Beimischung schwerer Kohlenwasserstoffe zur Erhöhung der Leucht- und Heizkraft und Beseitigung der Geruchlosigkeit erfolgen, was wieder mit Hilfe des Benzols, des Azetylens, des Rohöls etc. geschehen kann.

In England und Amerika hat das Wassergas schon frühzeitig eine starke Verbreitung gefunden. In England waren die billigen Kokspreise, in Amerika die billigen Ölpreise die Veranlassung zur Einführung des Wassergases, das hier in einer Mischung von $^1/_4$ Raumteilen Ölgas und $^3/_4$ Raumteilen Wassergas in den Handel kommt. Die Produktion an Wassergas betrug im Jahre 1905:

England	500 Mill. cbm
Nordamerika	1550 „ „
Deutschland	30 „ „

Das Ölgas wird aus Abfallöl, das bei der Herstellung von Petroleum aus den Rohölen gewonnen wird, hergestellt. In den Rohöl produzierenden Ländern steht das Abfallöl zu billigen Preisen zur Verfügung. Die stetig steigende Produktion des Petroleums warf auch stetig größere Mengen Abfallöle auf den Markt, und es ist erklärlich, daß in allen zollfreien Ländern der Welt eine rasche Ausbreitung der Wassergasanstalten erfolgte. Daß diese Entwicklung in Deutschland sich erst so spät vollzog, ist die Folge unseres eigentümlichen Zolltarifs. Petroleum wie Abfallöle unterliegen einem Zoll von M. 6 bis 7½ pro 100 kg.

War aus diesem Grunde die Karburation des Wassergases mit Abfallöl unmöglich, so hatte die Verwendung des Benzols, das wir selbst aus unseren Kokereien in großen Mengen gewinnen konnten, für die deutschen Gaswerke auch ihre Schattenseiten. Die starke Nachfrage des Benzols zeitigte ein Emporschnellen des Benzolpreises. Bisher war Benzol zu M. 20 pro 100 kg marktfähig, ein Preis, für den die Gewinnung durchaus lohnend ist. Bei Einführung des Wassergases schnellte er plötzlich auf M. 100 im Jahre 1900. Obwohl seinerzeit nur die Hälfte der Kokereien erst die Benzolgewinnung betrieben, war die Gesamtproduktion etwa 32 000 t. Ungefähr zwei Drittel davon absorbierten die Farbenfabriken, so daß etwa 12 000 t den Gaswerken für Karburierzwecke zur Verfügung standen. Im Jahre 1904 sind in den deutschen Destillationskokereien 10 Mill. Tonnen Koks, entsprechend 14 Mill. Tonnen Kohlen, erzeugt worden. Nimmt man eine durchschnittliche Benzolausbeute von 0,5 % der verkokten Kohlen an, so wäre die mögliche Benzolgewinnung rd. 70 000 t pro Jahr. Da bei den seinerzeit für Abfallöl bestehenden Zollschranken die Verwendung des Benzols zu einem Preise von M. 30 als Karburiermittel möglich war, stellten

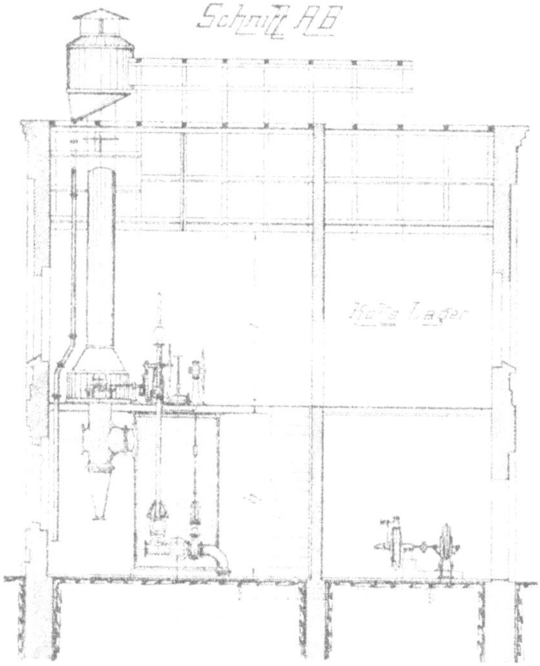

Planskizze
einer Blauwassergas-Anlage
System Dellwik-Fleischer.

Leistung cbm in 24 Std	Ungefähre Maße in Millimeter. —								
	a	b	c	d	e	f	g Durchm.	h	i
1 – 5000	7500	3000	4000	1500	5500	3500	4000	3800	3700
6 – 10000	9000	3500	4200	1500	6500	4300	„	4000	„
10 – 20000	11200	4250	5000	2000	8000	4500	„	4200	„

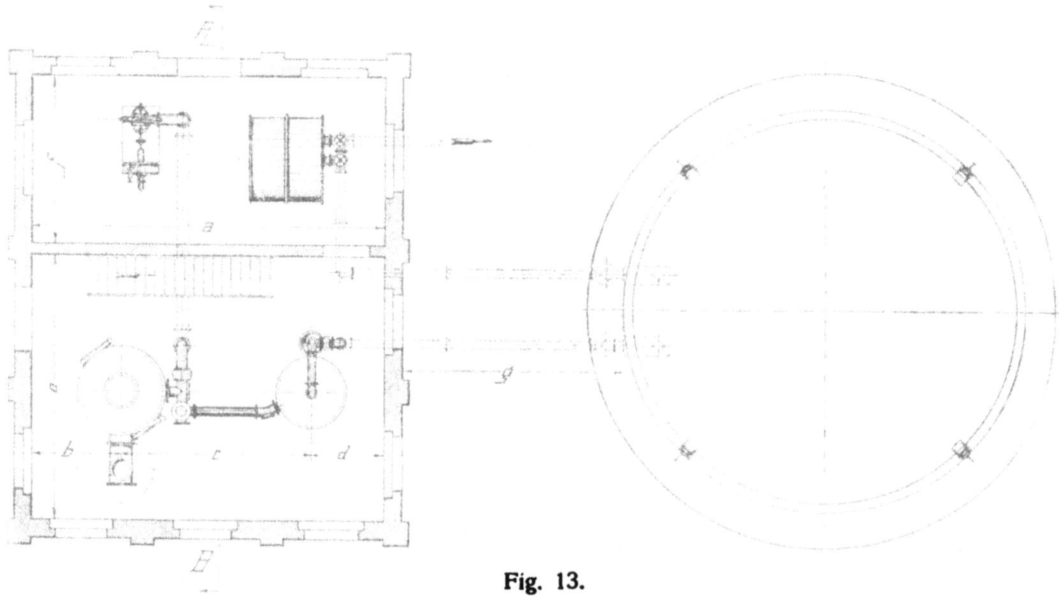

Fig. 13.

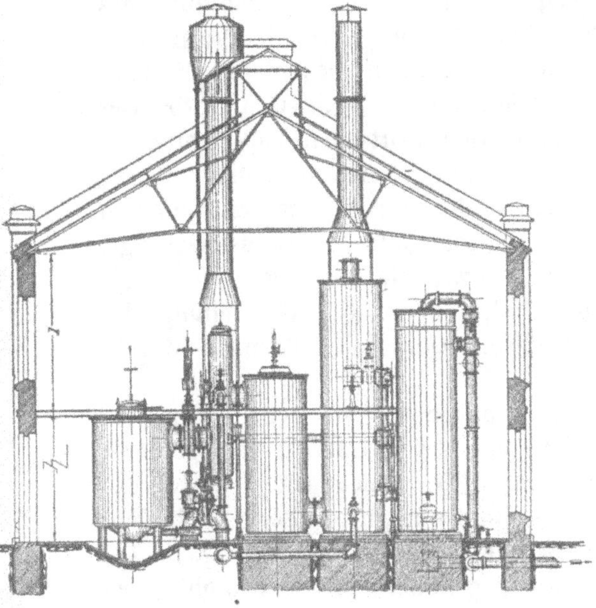

Planskizze

einer Wassergas-Anlage

für kombiniertes System.

Tabelle

Normalleistung cbm in 24 Std.	Ungefähre Maße in Millimetern —								
	a	b	c	d	e	f	g	h	i
2÷4000	2400	3000	1700	3800	5800	900	11000	4100	4000
4÷10000	2700	4000	2000	4300	6500	1000	13100	4300	4500
10÷20000	3250	5000	2800	5000	7000	1300	16200	4400	5000

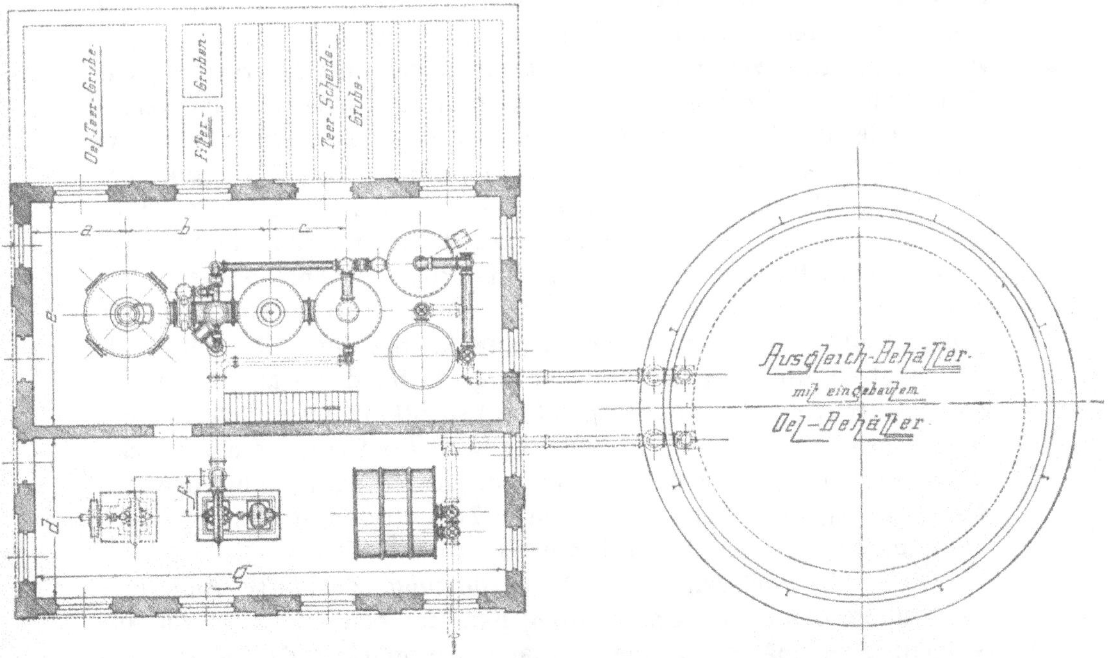

Fig. 14.

die Gaswerke ein geeignetes Absatzgebiet dar, und die Gewinnung des Benzols nahm stetig zu, bis fast alle Kokereien sie betrieben. Die gewinnbringende Verwertung des bis dahin fast nicht beachteten Benzols bedeutet also den ersten Nutzen, den die Veränderung des Grundprozesses der Gasfabrikation, wenn auch indirekt dem deutschen Volke brachte.

Hat sich das Azetylen als Karburiermittel überhaupt nicht durchzusetzen vermocht, so konnte das Benzol dies nur in ganz bescheidenem Maße tun. Die vermehrte Benzolnachfrage anderer Industriezweige, das inzwischen gesteigerte Ölangebot sowie die Vorzüge, welche die Ölkarburation bietet, führten dazu, daß heute die Herstellung des Wassergases mit nachfolgender Ölkarburation fast allgemein durchgeführt wird.

Beinahe alle größeren Gaswerke haben zurzeit neben der bestehenden Steinkohlengasfabrikation jene des Wassergases eingeführt. Außer der schon erwähnten Regulierung des Koksmarktes haftet der Wassergasanstalt der Vorzug an, eine billige und gute Reserve zu bilden. Selbst große Produktionseinheiten erfordern nur wenig Platz (Fig. 13, 14) und relativ geringes Anlagekapital gegenüber den Steinkohlengasanstalten; sie sind ohne große Aufwendung von Arbeit schnell in Betrieb zu setzen und eignen sich deswegen vorzüglich zur Ergänzung von an der Grenze der Leistungsfähigkeit angelangten Steinkohlengaswerken, zur Überwindung großer Schwankungen im Gasverbrauch, zur Umgehung von Mißständen, die Stockungen der Kohlenlieferung verursachen oder durch die sich immer schwieriger gestaltenden Arbeiterverhältnisse eintreten können. Nicht mit Unrecht wird die Einführung der Wassergaswerke seitens der Betriebsleiter mit der Begründung durchgedrückt, daß nur sie imstande sind, den Betrieb im Falle eines Streiks aufrechtzuerhalten; wurde doch 1900 in Bremen während des zwölftägigen Streiks allein durch die Wassergasanlage, deren Bedienung nur wenige Mann erforderte, die Gaslieferung durchgeführt. Der Umstand, daß mit der Einführung des Gasglühlichtes die bis dahin an das Leuchtgas gestellten Ansprüche in bezug auf die Leuchtkraft keine Berechtigung mehr haben und damit nur noch der Heizwert des Gases für alle Zwecke seiner Verwendung ausschlaggebend ist, deutet darauf hin, daß die Wassergasfrage auch für Deutschland in Zukunft vielleicht eine größere Rolle spielen wird, als dies bisher der Fall ist.

Die große volkswirtschaftliche Bedeutung, die diese Änderung des Grundprozesses der Gasbereitung hat, legt nun die Frage vor, ob es nicht zweckmäßig ist, die langsame Ausbreitung der Wassergasanlagen zu beschleunigen. Wir haben gesehen, daß hindernd nur die hohen Zollschranken sind, daß mit dem gänzlichen Fallen der Zollschranken allerdings die eben ins Leben gerufene Benzolindustrie und vielleicht auch die deutsche Petroleumindustrie nicht unbedeutenden Schaden erleiden würde.

Im Jahre 1906 betrug die Petroleumgewinnung der Welt (Journal 1907, S. 826):

Vereinigte Staaten	16 113 000 t
Rußland	8 060 760 „
Holländisch Indien	1 350 000 „
Rumänien	887 090 „
Galizien	760 450 „
Britisch Indien	560 000 „
Deutschland	80 000 „
Andere Gebiete	265 000 „

Deutschlands Erdölproduktion, an der Hannover mit 58 000 t und Elsaß mit 22 000 t beteiligt ist, beträgt etwa 0,3 % der Weltproduktion. Wie groß die Ausbeute des Gasöls, das bekanntlich als Nebenprodukt gewonnen wird, ist, läßt sich nicht abschätzen, es gibt Rohöle, die 10 bis zu 40 % Gasöle liefern. Soviel steht indessen fest, daß die deutsche Industrie bei weitem schon jetzt den Bedarf an Rohöl nicht decken kann; denn die Eisenbahn allein verbraucht für den Betrieb der Ölgasbeleuchtung ihrer Eisenbahnwagen etwa 12 000 t, die Dieselmotoren, die täglich mehr an Boden gewinnen, haben einen Konsum von etwa 10 000 t, und außerdem existieren eine große Anzahl von Schmierölfabriken, die direkt das Rohpetroleum auf Schmieröl verarbeiten.

Die Einfuhr der Gasöle ist deshalb für Deutschland eine Notwendigkeit; sie betrug im Jahre 1906 etwa 4000 t gegenüber 220 000 t in England und gegenüber dem Verbrauch in Amerika von etwa 600 000 t für die Fabrikation von Wassergas.

Auf den Mißstand der Erschwerung in der Versorgung der in Frage kommenden Industrien mit Rohöl ist schon vor langer Zeit seitens der Interessenten hingewiesen worden. Es ist auch zuzugeben, daß die Regierung helfend eingriff, denn im Zolltarif vom 25. Dez. 1902 wurde bestimmt, daß »Gasöl mit einem spezifischen Gewicht von 0,830 bis 0,880 einschließlich bei 15° zur Verwendung zum Betrieb von Motoren oder zur Karburierung von Wassergas, in inländischen Betriebsanstalten gewonnen oder aus dem Auslande eingehend, unter Überwachung der Verwendung mit einem Zoll von M. 3 pro 100 kg zu belegen ist.«

Die von den Interessenten an dieses Gesetz geknüpften Hoffnungen wurden indessen getäuscht, da die Anwendung des neuen Zolltarifes nur für Gasöl aus Galizien und Rumänien bisher galt. Die hohe Bahnfracht für den Bezug aus Rumänien legt den deutschen Markt fast ganz in die Hände der galizischen Werke, und daß diese die Gelegenheit benutzten, ihre Preise beträchtlich bei der bedeutenden Nachfrage zu erhöhen, ist nur zu natürlich. Vor dem Inkrafttreten des Tarifs wurde Gasöl an der Grenze zu M. 3 bis 4 angeboten, später stieg es auf M. 7 bis 8 pro 100 kg. (Gasjournal 1907, S. 827.)

Außer diesem durch Öl oder Benzol aufgebesserten Wassergas besteht noch ein anderes, das autokarburierte Wassergas. Wie schon der Name sagt, geht bei der Darstellung die Karburation von selbst vor sich. Bei der Steinkohlengasfabrikation wird ein großer Prozentsatz der hochwertigen Kohlenwasserstoffe im Teer abgeschieden. Durch Einleiten des an Kohlenwasserstoff armen Wassergases in die Retorten wird diese Abscheidung unterbunden, indem das Wassergas die überschüssigen Kohlenwasserstoffe des Steinkohlengases aufnimmt. Bis zu 15 % kann ohne vorherige Öl- oder Benzolkarburation Wassergas in der eben beschriebenen Weise dem Steinkohlengas zugemischt werden, ohne daß die Qualität des Mischgases eine nennenswerte Schädigung des Konsumenten bedeutet.

Von ungemein praktischer Veranlagung zeigt sich der bekannte Gasfachmann Dr. Bueb in Dessau, der in dem von ihm erfundenen Vertikalofen Wassergas- und Steinkohlengasfabrikation vereinigt, indem er am Ende der Vergasungsperiode Wasserdampf in den unteren Teil der Retorte leitet. Zwangsweise muß der Wasserdampf den glühenden Koks durchstreichen, wobei seine Umwandlung in Wassergas stattfindet. Die zur Wassergaserzeugung notwendigen Wärmemengen werden vorwiegend dem glühenden Koks entzogen, während der Bedarf an Kohlenstoff größtenteils aus dem bis dahin stets als lästig empfundenen Graphitansatz der Retorten gedeckt wird. Als Beweis hierfür wird angeführt, daß der Graphitansatz bei nassem Betriebe — so wird die Vereinigung dieser Wassergas- mit der Steinkohlengaserzeugung genannt — bedeutend geringer ist als bei trockenem Betriebe. Auch die unwesentliche Verminderung der Koksausbeute bei nassem Betriebe deutet auf den Verlauf des Prozesses in dieser Form hin. Interessant ist, daß dabei noch ein Mischgas von 5200 bis 5500 Kalorien v. H. erzeugt wird, wie das die graphischen Aufzeichnungen (Fig. 13 a, b, c) zeigen. Die Gasausbeute bei diesem Prozeß beträgt bis zu 39 cbm pro 100 kg der vergasten Kohle, was gegenüber dem bisherigen Ver-

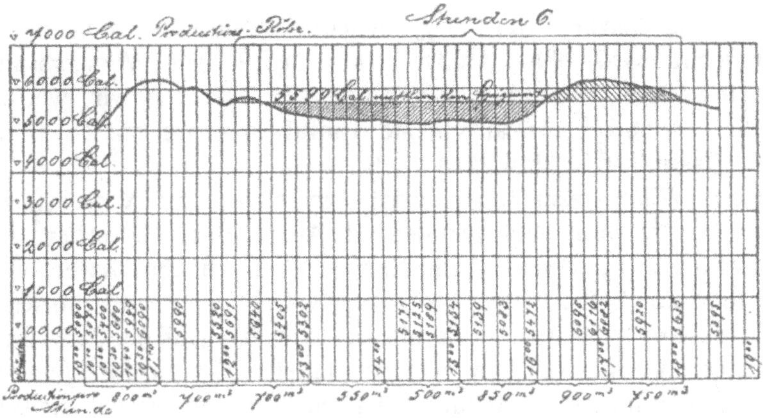

Fig. 13a. Graphische Aufzeichnung der oberen Heizwerte eines aus englischer Kohle (Thornley) mit Vertikalöfen auf dem Gaswerke in Genua erzeugten Gases (am Betriebsrohr gemessen).

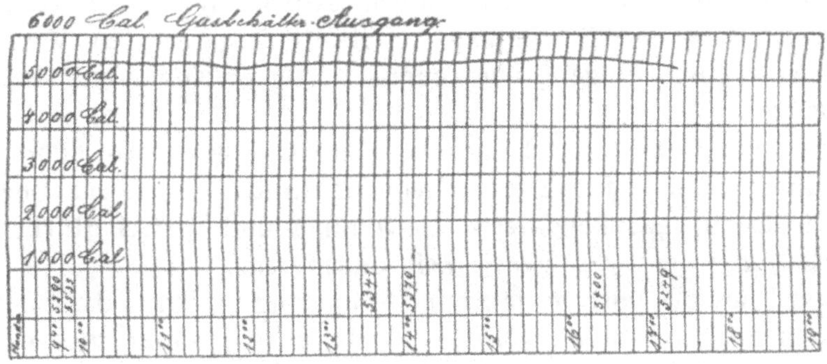

Fig. 13b. Graphische Aufzeichnung der oberen Heizwerte eines aus englischer Kohle (Thornley) [mit Vertikalöfen auf dem Gaswerke in Genua erzeugten Gases (am Gasbehälterausgang gemessen).

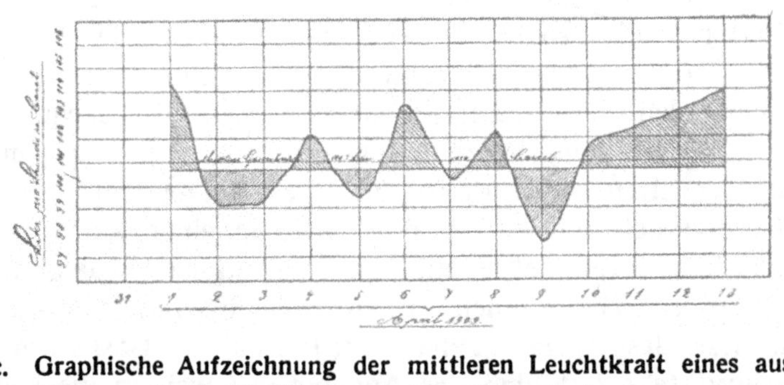

Fig. 13c. Graphische Aufzeichnung der mittleren Leuchtkraft eines aus diversen englischen Kohlen mit Vertikalöfen auf dem Gaswerk in Genua erzeugten Gases (am Betriebsrohr gemessen).

fahren einen Gewinn von 30 % bedeutet. Berücksichtigt man, daß dies erreicht wird ohne Anlage einer besonderen Wassergasanstalt, ohne Aufwendung irgendwelcher Löhne, so erkennen wir, wie außerordentlich belebend die allgemeine Einführung des nassen Betriebes auf die Gasindustrie einwirken muß.

Reine Wassergasanstalten existieren bisher zur Versorgung von Städten nicht, von verschwindenden Ausnahmen abgesehen; es ist auch nicht anzunehmen, daß die Entwickelung in absehbarer Zeit ihre Einführung zur Folge haben wird; die Koksfrage, die Karburiermittel werden dauernd das Hindernis bilden. Selbst wenn die Zollschranken herabgesetzt werden oder gar gänzlich fallen, dürften die Steinkohlenwerke ihre dominierende Stellung behalten. Dagegen werden die Wassergaswerke als Zusatzanlagen aus den bereits angeführten Gründen vielleicht größere Bedeutung gewinnen, und die immer weiter sich ausbreitende Anwendung wird dazu führen, sobald die Preise für Gaskohlen erheblich anziehen, die Karburiermittel zu angemessenen Preisen zur Verfügung stehen, zu dem von Schimming bereits 1895 gemachten Vorschlag, zur Gaserzeugung billigere, aber minderwertigere Kohlen zu benutzen, überzugehen.

Wir wollen das Kapitel über die Entwicklung des Grundprozesses nicht abschließen, ohne zweier Nebenprodukte, des Zyans und des Ammoniaks zu gedenken, deren Gewinnung und wirtschaftliche Ausbeutung vorwiegend der neuen Zeit angehören.

Erst Ende des vorigen Jahrhunderts gelang es, durch das Buebsche Verfahren auch das Zyan vollständig als Nebenprodukt zu gewinnen, das bisher nur sehr mangelhaft bis zu 50 % gelungen war (Gasj. 1903, S. 232). Es wurden seinerzeit große Hoffnungen an diese Gewinnung geknüpft, stieg doch von Jahr zu Jahr die Nachfrage mit der Einführung der Zyanlösungen bei der Goldgewinnung. Im Jahre 1902 (Gasj. 1903) schätzt Walter Feld den Weltbedarf auf 10 000 t in Zyankalium umgerechnet. Obwohl zur Erzeugung dieses Quantums nur etwa 6 000 000 t Kohlen nötig sind, finden wir doch die Gewinnung des Zyans auf synthetischem Wege immer größeren Umfang annehmen. Die anfangs erzielten guten Preise für Zyan gingen bald herab, und schon 1904 befindet sich die Zyanindustrie in einer Krisis, was den Industriellen Beilby veranlaßte, auf dem internationalen Kongreß für angewandte Chemie in Berlin einen Vortrag über die Produktions- und Absatzverhältnisse des Zyans zu halten (Journal of Gaslighting 1903, S. 36). Beilby stellt fest, daß das Angebot bei weitem die Nachfrage übersteigt. Die tatsächlichen Konsumziffern an Zyaniden zur Goldgewinnung betrugen 1899 2500 t in Transval, in Mexiko, Neuseeland, Australien etc. 3000 t, so daß der Gesamtweltbedarf sich auf 5500 t belief. Diesem Bedarf steht eine Produktion Europas von 12 600 t gegenüber, welche sich wie folgt verteilt:

	Synthetisch	Schlempe	Gas	Natrium	Gesamtproduktion
Deutschland .	1500	800	200	5000	2 500 t
Frankreich . .	—	—	300		5 300 „
England . . .	3500	—	1300		4 800 „
					12 800 t

Die voraussichtliche Steigerung der Produktion, obwohl sie schon seinerzeit den Bedarf um das 2½fache überstieg, schätzt Beilby noch auf über 3000 t. Beilby führt weiter aus, daß das Mißverhältnis zur Folge haben wird, daß eine natürliche Scheidung der Produzenten eintritt, da die Produktionskosten M. 1 pro kg Zyan nicht übersteigen dürften, um die Verwendung des Zyans überhaupt zu ermöglichen. Es besteht die Frage, ob für die Gasfabrikation bei diesen Verkaufspreisen die Kosten der Extraktion des Zyans aus den Gasen und die Verarbeitung in Handelsware gedeckt sind. Die letzten Jahre haben gezeigt, daß die Einnahmen aus der Zyangewinnung für die Gaswerke sehr gering sind. Wenn diese trotzdem an der Lieferung beteiligt bleiben, so liegt das darin begründet, daß sie das Zyan als Nebenprodukt gewinnen und darauf bedacht sein müssen, wegen der Vorteile, die zyanfreies Gas sowohl für die Schonung der Gasbehälter, Gasuhren etc. sowie für die rückstandfreie Verbrennung hat, es möglichst vollständig aus dem Gase zu entfernen, selbst wenn der von anderer Seite hervorgerufene Preisfall so erheblich ist, daß für die Gaswerke nicht nur kein Gewinn aus der Zyanwäsche entspringt, sondern sie sogar mit einem Kostenaufwand betrieben werden müßte.

Bessere Resultate als die Zyanindustrie liefert die Ammoniakverarbeitung in wirtschaftlicher Hinsicht für die Gaswerke. Auch hier sind die Ergebnisse indessen nicht befriedigend und die Einnahmen sehr bedeutenden Schwankungen unterworfen. Wie bedeutungsvoll die Ammoniakverarbeitung für die Gaswerke ist, zeigen die Zahlenbeispiele. Etwa 10 kg schwefelsaures Ammoniak erhält man als Nebenprodukt bei der Vergasung von 1000 kg Kohlen, so daß die Gesamtgewinnung pro Jahr bei einer Vergasung von etwa 6,6 Mill. t Steinkohlen rd. 66 000 t betragen dürfte. Der Preis schwankt zwischen M. 24 und 20 pro 100 kg, so daß fast ein Zehntel der Kohlenkosten durch das als Nebenprodukt gewonnene schwefelsaure Ammoniak gedeckt wird.

Außer den Gaswerken befassen sich noch die Kokereien mit der Sulfatgewinnung im großen. Für das Jahr 1907 wird die Gesamtproduktion Deutschlands auf 287 t geschätzt (Gasj. 1908, S. 251). Als Abnehmer kommt fast ausschließlich die Landwirtschaft in Frage, und die guten Erfolge, die mit diesem künstlichen Dünger gemacht sind, führen zu immer ausgedehnterer Anwendung. Zwar steht noch die Verwendung des Chilisalpeters als Düngemittel im Vordergrunde, noch im letzten Jahre betrug die Einfuhr 591 000 t; doch die zunehmenden Preissteigerungen lassen erkennen, daß das von Sachkundigen abgegebene Urteil, wonach in 10 bis 20 Jahren die vorhandenen Lager des Chilisalpeters erschöpft sein werden, seine Schatten vorauswirft. Es ist anzunehmen, daß der Sulfatmarkt hierdurch an Festigkeit gewinnt, doch muß davor gewarnt werden, hieran überschwengliche Hoffnungen zu knüpfen. Bekanntlich nimmt die Herstellung von Stickstoffverbindungen aus der Luft immer festere Formen an; schon jetzt beträgt die Produktion des Kalkstickstoffs nach dem Franck-Caroschen Verfahren etwa 80 000 t pro Jahr. Täglich gewinnt diese Frage an Bedeutung, und unsere großen Industriegesellschaften in Verbindung mit der Bankwelt wenden ungeheure Kapitalien auf, um diesen neuen Zweig zu entwickeln. Wohin die Entwicklung gehen wird, ist noch nicht abzusehen, soviel steht indessen fest, daß der Ersatz des Chilisalpeters zum Schaden der Landwirtschaft nicht erfolgen wird, daß aber auch der Sulfatmarkt eine Schwächung durch den Kalkstickstoff nicht erfahren dürfte. Wurde bis vor wenigen Jahren die Verarbeitung des Ammoniakwassers nur in den größeren Gaswerken betrieben, so finden wir in allerjüngster Zeit sich Bestrebungen bilden, auch auf mittleren und kleineren Werken die Verwendung des Ammoniakwassers zu organisieren. Der Rentabilitätsberechnung im Gasjournal 1909, S. 1014 entnehmen wir, daß mit den von der Berlin Anhalt. Maschinenfabrik auf den Markt gebrachten Ammoniakanlagen schon jetzt Werke mit 300 000 cbm Jahresproduktion einen Überschuß von M. 1000 und jene mit 200 000 cbm Jahresproduktion einen solchen von M. 600 pro Jahr aus der Verarbeitung des Ammoniakwassers ziehen können. Berücksichtigt man, daß dieser Jahreskonsum sogar in Städten von 3000 Einwohnern und weniger erreicht wird, daß bisher das Ammoniakwasser dieser Werke in der Regel unverarbeitet blieb, so bedeutet diese Einrichtung, die eine Verzinsung von ½ bis 1 % des gesamten Anlagekapitals des Gaswerkes bringt, eine erhebliche Steigerung der Rentabilität jener kleinen Werke.

Diese gewaltigen Fortschritte, die die Umgestaltung des Produktionsprozesses der Gasindustrie brachte, würde jedoch nicht voll zur Geltung kommen, wenn nicht auch die Verteilung des Gases in ganz neue Bahnen gelenkt worden wäre.

Im Jahre 1900 wurde von Shelton auf dem internationalen Gaskongreß (Gasj. 1901, S. 133) ein Vortrag über die Verminderung der Gasverteilungskosten durch Anwendung von Hochdruck gehalten. In echt amerikanischer Weise wurde das Thema der Fernversorgung behandelt und die Anwendung des Hochdrucks gefordert mit dem Hinweis auf die bereits ausgeführten Anlagen in Louisville, Chicago, Oakland und Danbury, wo Privatkonsumenten unter Einschaltung eines Gasdruckreglers direkt an die Hochdruckleitung angeschlossen sind. Berücksichtigt man, daß sich die Abgabe eines Rohres verdoppelt, sobald man den Druck vervierfacht, und daß die Erhöhung des Druckes mit relativ geringen Kosten verknüpft ist, beachtet man ferner, daß die Ausnutzung des Gases unter Verwendung des Hochdruckes sowohl für Leucht- als auch für Heizzwecke bedeutend wirtschaftlicher ist, so drängt sich wirklich die Frage auf, warum man dem amerikanischen Vorschlag nicht näher tritt. Die Ursache liegt lediglich darin begründet, daß die bisherigen Apparate und Leitungen der Gasabnehmer eine Druckerhöhung nicht ertragen und ausgewechselt werden müssen, ein Verlangen, das die Gaswerke wegen der damit verbundenen Unannehmlichkeiten nicht stellen können und dessen Kosten sicher so erheblich sind, daß keine Gasanstalt sie auf sich nehmen würde. Für unsere großen Werke, die bereits eine fast 100jährige Entwickelung haben, scheiden deshalb die Vorschläge von vornherein aus, so groß auch die Vorteile für das Werk wie für den Gasabnehmer sein mögen; für neu zu errichtende Werke gilt dasselbe; denn heute sind alle Orte mit über 10000 Einwohnern mit Gas versorgt, und für Städte mit weniger Einwohnern geben die lokalen Verhältnisse keine Veranlassung, von den bisher geübten Gewohnheiten abzugehen. Auch können wir nie erwarten, daß bei uns die Entwicklung einer Stadt nach amerikanischem Muster vor sich geht, wo zehn Jahre nach ihrer Begründung die Stadt über 50000 bis 100000 Einwohner zählt, um dies Experiment zu wagen. Denn nur in diesem Falle würde auf einen durchschlagenden Erfolg zu rechnen sein. Trotz der ganz bedeutend geringeren Anlagekosten der Rohrleitung, trotz der besseren Lichtwirkungen, die die Verwendung des Gases unter Hochdruck bietet, bleiben wir wohl auch in Zukunft aus den bereits angeführten Gründen bei unserm niedrigen Druck. Bei dem Bestreben, die Gaswerke außerhalb des Weichbildes der Städte zu errichten, dürfte sich für die Einrichtung von Speiseleitungen für die bestehenden Rohrnetze und zur Versorgung entfernt liegender Gebiete die Verwendung des hohen Drucks unter Einschaltung von Distriktsgasdruckreglern auch bei uns einführen. Diese Art der Gasversorgung datiert von 1902 an.

Im allgemeinen sehen wir zwei Typen der Gasfernversorgung sich bilden. Die erste können wir als Angliederung von Vorortgemeinden an vorhandene Gasanstalten größerer Städte bezeichnen, die andere entspricht genau den Überlandzentralen, die zurzeit eine ausgedehnte Verwendung in der elektrotechnischen Industrie finden; denn auch hier erfolgt von einer Zentrale, die möglichst Bahn- und Wasseranschluß für die Herbeischaffung der Rohprodukte hat, nach allen Seiten die Versorgung der umliegenden Städte, Dörfer und Gehöfte. Entfernungen bis zu 20 km sind bereits ausgeführt, und es liegt kein Grund vor, dies als Grenze zu betrachten, höchstwahrscheinlich dürfte für die Entfernung nur das wirtschaftliche Moment ausschlaggebend sein. Auf Grund einer Kostenberechnung und unter Berücksichtigung des zu erwartenden Konsums ist zu entscheiden zwischen einer Fernversorgung eines Ortes und einer besonderen Anstalt, deren Bau, wie wir später sehen werden, sich schon bei 100 000 cbm Jahresproduktion und weniger rentiert. Die Statistik mehrerer Gesellschaften ergibt für kleinere Orte bis zu 40 cbm Jahreskonsum pro Kopf der Bevölkerung an, der unter Umständen aber bis auf 100 steigen kann. Einen ungefähren Anhalt für die Rentabilität beim Anschluß von Vorortgemeinden an bestehende Gasanstalten gibt Eisele, Heidelberg, ein erfolgreicher Vertreter dieses Gedankens, denn schon fünf Vorortgemeinden sind an das Heidelberger Werk angeschlossen, indem er verlangt, daß der jährliche Gasabsatz in cbm mindestens dem Kostenaufwand in Mark gleich sein muß. Mit demselben Erfolge wie Heidelberg betätigen sich auch andere Städte.

Zurzeit bestehen Hochdrucküberlandzentralen in Bergedorf, Berlin, Bühl, Krefeld, Dessau, Differdingen, Freiburg i. Br., Heidelberg, Lichtenberg, Lübeck, Leopoldshall, Magdeburg, Mülheim (Ruhr), Obertshausen, Mariendorf, Oberschönweide, Saalmünster - Soden, Schmidefeld, Schönebeck (Elbe), Schneidemühl, Spandau, Tuttlingen, Neubornewitz, Potsdam, Ruhrort und Weißensee. Außer diesen Werken sind in Deutschland noch 35 Fernanlagen mit 94 versorgten Ortschaften vorhanden, bei welchen der erforderliche Druck entweder direkt durch den Gasbehälter, oder aber auch unter Ausnutzung von Geländeerhöhungen bewirkt wird. Als Fernversorgung entlegener Vorstädte durch direkten Anschluß an das Rohrnetz bestehender Gasanstalten sollen nach den neuesten Erhebungen (Journal 1909, Heft 49) 54 Anlagen mit 148 Ortschaften vorhanden sein.

Insgesamt haben wir in Deutschland 105 Gaszentralen, welche 344 Ortschaften Gas entweder mittels Hochdruckleitung oder direkt aus dem eigenen Rohrnetz liefern.

Bei fast allen diesen Überlandzentralen bzw. Gruppengaswerken handelt es sich um Gemeinden mit 2000 Einwohnern und weniger, die einzeln schwer rentabel zu gestalten sein würden. Obgleich es den Anschein hat, daß einzelne Gemeinden den Betrieb selbst in die Hand nehmen wollen, dürfte gerade das Gruppengaswerk für die ländlichen Bezirke den Gasgesellschaften reserviert bleiben. Daß auch die Gemeinden dabei nicht schlecht wegkommen, zeigen die Gaspreise des Elbgaugaswerkes, die für Leucht- und Kochgas 16 bis 14 Pf., für Kraft- und gewerbliches Gas 13 bis 11 Pf. pro cbm betragen und fast denen der Städte von 20000 Einwohnern gleichkommen. Die schon im Jahre 1898 von Schäfer (Dessau) ausgesprochenen Worte: »Die Gasindustrie geht jetzt bei uns aufs Land« scheinen nun erst volle Bedeutung zu gewinnen, denn die Gasversorgung kleiner und kleinster Gemeinden, um deren Versorgung sich bisher Azetylen- und Luftgasgesellschaften stritten, ist erst durch die Entwicklung der Gruppengaswerke als rationell gelöst zu betrachten.

Umwälzungen im Erzeugungs- und Verteilungsprozeß einer Industrie pflegen durch die Qualität und Quantität des Produkts bedingt zu sein. In der Regel steigert die verbesserte Qualität die Verwendungsmöglichkeit und damit die Nachfrage. Gerade das Umgekehrte müssen wir in bezug auf die Gasindustrie konstatieren; mit der steigenden Nachfrage ist eine Verschlechterung der Qualität verbunden. An früherer Stelle ist bereits darauf hingewiesen, wie die stetig steigenden Kohlenpreise und Arbeitslöhne die Selbstkosten erhöhen; es wurde festgestellt, daß die Verbesserungen der Betriebseinrichtungen, die Vergrößerung des Absatzgebietes bisher ausgleichend wirkten, daß über kurz oder lang indessen mit einer Erhöhung der Gaspreise gerechnet werden muß. Der erste Schritt zur Gaspreiserhöhung ist auch bereits mit der Einführung des Wassergases getan, denn heute wird als Norm für Mischgas 5200 WE und 13 HK angesehen, gegenüber dem reinen Steinkohlengas mit 5500 WE und 16 HK in den Zeiten vor Einführung des Glühlichtbrenners. Wenn auch die Konsumenten diese Verschlechterung nicht merkten und sie sicher lieber in den Kauf nahmen als eine Erhöhung des Gaspreises in barem Gelde, so ist doch auch der Verschlechterung des Gases eine natürliche Grenze gezogen. Rohrleitungen sowie Leucht- und Kochapparate sind für Gas mit einem Heizwerte von über 5000 WE eingerichtet. Bei Einführung

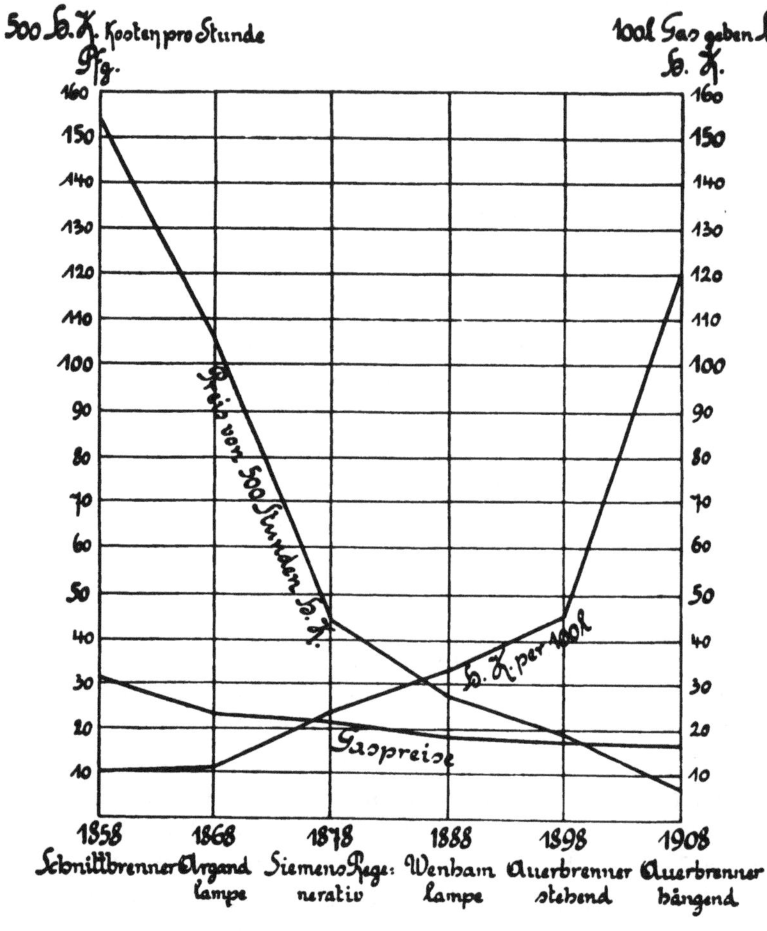

Fig. 15. Einfluß der Brenner und Gaspreise auf die Kosten der Gasbeleuchtung. (Journal für Gasbeleuchtung u. Wasserversorgung 1909.)

des Mischgases wurden schon Klagen über schlechtes Gas geführt, und die Werke mußten sämtliche Apparate bei den Konsumenten neu regulieren. Eine merkliche weitere Verschlechterung könnte zur Folge haben, daß eine Neubeschaffung der Apparate sowie Neulegung der Innenleitung nötig wird, deren Kosten die Werke zu tragen hätten. Abgesehen davon, daß hierzu Riesenkapitalien erforderlich sind, dürfte die Beschreitung dieses Weges der Gaspreiserhöhung durch Verschlechterung der Qualität des Gases auch an dem Einverständnis des Konsumenten, das zum Neulegen der Leitung ja stets notwendig ist, scheitern.

Die Erhöhung der Gaspreise angesichts der stetig steigenden Löhne und Kohlenpreise ist um so eher berechtigt, wenn man berücksichtigt, daß mit der Entwicklung der Gasbrenner und Gaskochapparate den Konsumenten Vorteile in den Schoß gefallen sind, die jene geringe Mehrausgabe für das Gas um ein Vielfaches übersteigen. In Fig. 15 sind die Kosten für 500 HK, die Lichtausbeute für 100 l Gas sowie die jeweiligen Gaspreise für 40 deutsche Städte zur Darstellung gebracht. Wir sehen, wie sich die Kosten von 160 auf 8 Pf. pro 500 Kerzenstunden in den letzten 50 Jahren verringert haben. Während der Gaspreis von 32 Pf. auf 16 Pf., also um die Hälfte, zurückging, erhält der Konsument allein infolge der Verbesserung der Brenner heute zehnmal so viel Licht wie vor 50 Jahren aus derselben Gasmenge. Wie die Gaspreisermäßigungen und die Verbesserung der Brenner auf die Kosten des stündlichen Gasverbrauchs für 100 HK zusammen eingewirkt haben, läßt die bildliche Darstellung (Fig. 16) so recht erkennen. Bis 1886 ist die Lichtausbeute des Gases infolge Verbesserung der Brenner wenig gestiegen. Denn vom Schnittbrenner bis zum Auerbrenner zeigt die Kurve nur eine schwache Neigung. Wenn trotzdem die Kosten des stündlichen Gasverbrauchs für 100 HK von 30 auf 10 Pf. herabgingen, so liegt dies im überwiegenden Maße in der Ermäßigung der Gaspreise begründet. Das Umgekehrte zeigen die letzten 20 Jahre. Der Gaspreis ist derselbe geblieben, die Lichtausbeute in Hefnerkerzen für 100 l Gas ist von 18 auf 92 Pf., also fast um das Vierfache gestiegen, und in demselben Verhältnis sind die Kosten des Gasverbrauchs gefallen. Die Entwickelung ist damit keineswegs als abgeschlossen zu betrachten. Gerade in der Gegenwart vollzieht sich wieder eine vollkommene Umwälzung in der Beleuchtung. Anstatt der stehenden Glühstrümpfe werden hängende angebracht, die ohne jegliche Schattenbildung das Licht verbreiten und außerdem bei 100 l stündlichem Gasverbrauch eine Lichtausbeute von 120 HK liefern. Damit ermäßigen sich die Kosten des stündlichen Gasverbrauchs für 100 HK bei einem Durchschnittspreis von 16 Pf. pro cbm Gas auf 1,3 Pf.

Überall sehen wir die Umwälzung sich zurzeit vollziehen, und das Interessante dabei ist, daß die Änderung der stehenden Beleuchtung in eine hängende mit relativ geringen Kosten für den Konsumenten verknüpft ist. Selbst für die öffentliche Beleuchtung der Straßen,

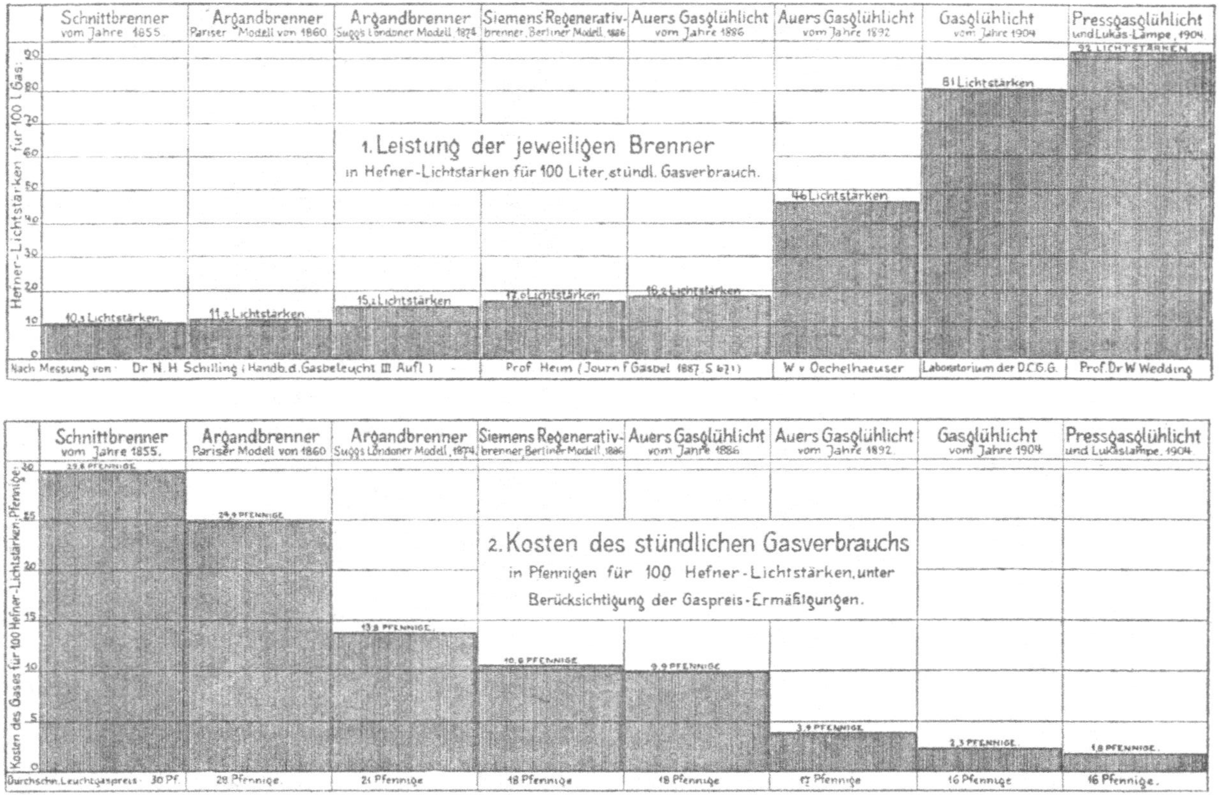

Fig. 16. Verbesserung und Verbilligung des Gaslichtes in den letzten 50 Jahren.
(Journal für Gasbeleuchtung u. Wasserversorgung 1908.)

deren Änderung in den meisten Fällen von Grund aus nötig ist, scheut man die erheblichen Kosten zur Einführung dieser neuen Beleuchtungsform nicht.

Von noch größerer Bedeutung als die Erfindung des hängenden Gasglühlichtes ist für die Beleuchtung der Straßen und Plätze die Anwendung des Preßgases, denn erst hierdurch wurde der Gasbeleuchtung die Schaffung großer Lichtquellen, um die sie sich Jahrzehnte lang bemühte, ermöglicht.

Durch diese beiden Erfindungen der Gegenwart macht die Gasbeleuchtung viele Vorteile wett, welche man der elektrischen Beleuchtung ihr gegenüber bisher nachrühmte. Das hängende Gasglühlicht rivalisiert mit der elektrischen Glühlampe, das Preßgaslicht mit der elektrischen Bogenlampe. Nicht nur die großen Lichtstärken der elektrischen Bogenlampen werden durch die Preßgasbeleuchtung bei weitem überholt, auch die Vorteile der zentralen Bedienung sind bei ihrer Anwendung für öffentliche Beleuchtung in sinnreicher Weise ausgenutzt. In Berlin können wir sehen, wie in der Dämmerstunde alle Stadtteile, in denen die Preßgasbeleuchtung bisher zur Anwendung gelangte, plötzlich von einem Lichtmeer durchflutet werden. Außer der Schaffung großer Lichtquellen haftet der Preßgasbeleuchtung noch der Vorzug großer Wirtschaftlichkeit an. Der stündliche Gasverbrauch pro Kerzenstärke beträgt etwa 0,4 bis 0,5 l, so daß die Kosten des stündlichen Gasverbrauchs für 100 HK bei einem Gaspreis von 16 Pf. pro cbm sich auf 0,6 bis 0,8 Pf. belaufen. Damit ist das Gaslicht wieder die billigste Lichtquelle geworden, wie das die Gegenüberstellung der einzelnen Beleuchtungsarten in Tabelle V ergibt.

Diese bedeutende Steigerung des Nutzeffektes läßt sich bei der Benutzung des Gases zu Koch- und Heizzwecken auch konstatieren. Bei guten Gaskochherden werden heute über 60 %, bei Gasbadeöfen über 80 % und bei Gasheizöfen über 90 % der im Gase enthaltenen Energie nutzbar gemacht. Neben der Verbesserung der Brennerkonstruktionen zeigt auch die äußere Formgebung eine günstige Entwicklung. Die großen Hoffnungen, die man an den Karlsruher Schulofen in den 90 er Jahren knüpfte, scheinen sich nicht in dem vollen Umfang zu realisieren. Dagegen finden die Gasbadeöfen immer größere Verbreitung. Sogar in der Warmwasserversorgung und Warmwasserzentralheizung ganzer Etagen bzw. Wohnhäuser gelangen die Gasöfen mit ihrer automatischen Regelung der Brennstoffzufuhr mit Erfolg zur Anwendung.

Tabelle V.

Brennstoffverbrauch und Brennkosten verschiedener Beleuchtungsarten.

(Kalender für das Gas- und Wasserfach.)

		Brennstoffverbrauch für 1 HK in der Stunde	Kosten für 100 HK in Pf.	Gebräuchl. Lichtstärke der Lampen in HK
1	Stearinkerze	9,20 g	138	1,2
2	Petroleumlampe	4 ccm	8	50— 150
3	Petroleumlicht	1 „	2	50— 500
4	Spiritusglühlicht	1,20 „	4,8	50— 150
5	Luftgasglühlicht (Einzelanlage)	0,50 g Solin	2	30— 500
6	„ (Centrale)	2 l Gas	4	30— 500
7	Wassergasglühlicht (Einzelanlage)	2 l „	0,6	20— 100
8	„ (Centrale)	2 l „	4,0	20— 100
9	Azetylen (Einzelanlage)	2,20 g Karbid	4,4	20— 60
10	„ (Centrale)	0,70 l Gas	11,2	20— 60
11	„ -Glühlicht	0,25 l „	4,0	40— 60
12	Steinkohlengas Schnittbrenner	10,00 l „	20,0	12— 60
13	„ Argandbrenner	8,50 l „	17,0	20— 50
14	„ Auerlicht	1,50 l „	3,0	50— 100
15	„ Hängelicht	1,00 l „	2,0	30— 100
16	„ Preßgas, aufrecht	0,80 l „	1,6	300—1500
17	„ „ Hängelicht	0,50 l „	1,0	500—5000
18	Elektr. Kohlenfadenlampe	3,50 Watt	21,0	5— 32
19	„ Nernstlampe	1,65 „	9,9	50— 200
20	„ Osmium- und Tantallampe	1,50 „	9,0	20— 80
21	„ Osram-, Wolframlampe	1,00 „	6,0	25— 220
22	„ Bogenlicht (sphärisch)	1,10 „	6,6	300—1000
23	„ Flammbogenlampe (sphär.)	0,25 „	1,5	1000—4000
24	„ Dampflampe	0,25 „	1,5	200—1000

Die größten Fortschritte unter den Mitteln, der wir uns bei der Verwendung und Ausnutzung des Leuchtgases bedienen, weist die technische Entwickelung des Gasmotors in den letzten zehn Jahren auf. In erster Linie ist die fast unbemerkbar eingetretene erhebliche Verbesserung und Verbilligung der Gasmotoren hervorzuheben. Bei den langsam laufenden Motoren ist an den bewährten Typen äußerlich wenig geändert; aber die Einführung der schnellschließenden Ventile, die verbesserte Regelung der Brennstoffzufuhr, der Übergang zur Qualitätsregelung, die Anwendung der magnetelektrischen Zündung ermöglichten, den Verbrennungsraum günstiger zu gestalten, die Kompression zu erhöhen und trotzdem die bis dahin unangenehm empfundenen Frühzündungen und Aussetzer auf ein geringes Maß herabzudrücken. Die daraus resultierende bessere Ausnutzung der Verbrennungsgase in Verbindung mit der Verkleinerung der durch die Kühlung entstehenden Energieverluste zeitigten erheblich bessere Gesamtwirkungsgrade der Maschine. Während man noch vor 20 Jahren allgemein mit einem Gasverbrauch von 900 bis 1000 l pro PS und Stunde rechnen mußte, und vor 15 Jahren ein Verbrauch von 600 l bei einem 20 pferd. Gasmotor hervorragend günstig war, braucht heute ein 4 pferd. Motor guten Fabrikats nicht mehr als 520 bis 560 l; für einen 10 pferd. werden 450 bis 480 l, für einen 20 pferd. 420 bis 450 l gewährleistet; es sind Bremsproben bekannt, bei denen mittelgroße Motoren noch nicht einmal 400 l Gas von 5000 Kal./cbm bei 0° und 760 mm Barometerstand verbraucht haben. Der Gasverbrauch ist also bei modernen Motoren um ein volles Drittel kleiner als bei den besten vor 10 bis 15 Jahren erhältlichen Motoren. (Gasjournal 1909.)

Bei diesen Vorteilen, die die verbesserte konstruktive Durchbildung brachte, sind die Anschaffungskosten für die gleiche Leistungsfähigkeit um 10 bis 25 % und mehr herabgegangen, z. B. ist der Listenpreis für einen 6 pferd. Körtingsmotor von 3200 auf M. 2870 ermäßigt worden; ein 20 PS-Deutzer Gasmotor, der vor zwölf Jahren M. 6000 kostete, steht heute mit M. 5000 in der Liste.

Doch all diese Verbesserungen befähigten den Gasmotor nicht, den konkurrierenden Elektromotor in seinem Siegeslauf aufzuhalten. Die geringen Anschaffungskosten, die leichte Handhabung und die wenig raumsperrende Gestalt sind Vorzüge des Elektromotors, wegen der selbst die erheblich höheren Betriebskosten gegenüber dem Gasmotor oft gern in den Kauf genommen werden. Nur ein mit diesen Vorzügen des Elektromotors ausgerüsteter Gasmotor konnte den Wettbewerb erfolgreich aufnehmen. Dies ist auch rechtzeitig erkannt worden. Schon Ende der 90 er Jahre erschienen nach diesen Grundsätzen erbaute Maschinen auf dem Markt, doch die geringen Erfahrungen im Bau schnellaufender Maschinen führten bei den damals im Maschinenbau üblichen Baustoffen zu Materialbeanspruchungen, die weit über das zulässige Maß hinausgingen, und die Unsicherheit und Gefahr, welche damit in den Betrieb hineingetragen wurden, erregten nicht mit Unrecht ein steigendes Mißtrauen gegen den schnellaufenden Gasmotor jener Tage.

Erst die Verwendung des Motors im Verkehrswesen brachte eine Lösung dieser Frage. Neben den angeführten Vorzügen des Elektromotors war hier geringes Gewicht eine Hauptforderung. Die schrittweise Entwicklung von Daimlers 2 pferd. Benzindraisine, deren Motor 90 kg = 45 kg pro PS wog, bis zum 125 pferd. Luftschiffmotor, dessen Gewicht etwa 300 kg, also 2,4 kg pro PS beträgt, läßt deutlich die große Umwälzung erkennen, die sich im Motorbau im Laufe weniger Jahre vollzogen hat. Vom Eisenhüttenmann wurden neue Baustoffe verlangt, so entstanden Nickelstahl, Chromnickelstahl, Stahlguß mit hohen Qualitätsziffern, Aluminiumlegierungen und harte Bronzen etc., zu ganz neuen Arbeitsmethoden wurde übergegangen, mittels besonderer Werkzeugmaschinen wurde Präzisionsarbeit geschaffen, die man bis daher im Motorbau nicht gekannt hat. Die Lagerung der sich bewegenden Teile in einem Ölbad, der vollständige Abschluß dieser Teile gegen das Eindringen von Staub und Schmutz führten bald dahin, »aus dem launenhaften, rasch verbrauchten Schnelläufer der früheren Zeit eine zuverlässige dauerhafte Betriebsmaschine zu machen, die nicht mehr Raum beansprucht und nicht mehr Geld kostet als ein gleichstarker Elektromotor«.

Eine übersichtliche Darstellung, aus welcher man direkt an Hand der Preise der vorhandenen Energieträger ersehen kann, ob dieser oder jener für den jeweiligen Kraftbetrieb vorteilhafter ist, geben die Diagramme Fig. 17. Die Abzissen sind die Brennstoffkosten pro PS-Stunde für Benzol, Benzin, Spiritus, Ergin, Leuchtgas und Elektrizität, und zwar für Motoren von 1 PS und für solche von 12 PS. Die Ordinaten geben die Brennstoffpreise in Pfennigen pro Kilogramm bzw. pro Kubikmeter und Kilowattstunde. Wir sehen, daß von allen Motoren der Leuchtgasmotor der wirtschaftlichste ist; gegenüber dem Elektromotor sind seine Betriebskosten bei Vollbelastung und bei Dauerbetrieb über 40 % geringer.

Während die Gaswerke noch im Begriff sind, die Nutzanwendung dieser bedeutenden Erfindungen einzuleiten, entsteht das modernste Problem der Technik, die Gasturbine. Die Sucht nach Turbomaschinen scheint in der Abneigung gegen das Hin- und Hergehende, gegen Kolben- und Kurbelantrieb zu liegen. Das zeigt sich ganz besonders seit dem Aufkommen der Dampfturbine; denn fast parallel mit dieser entwickelt sich der Zentrifugalpumpen-, Hochofengebläse- und Schleuderkondensatorbau. Man beginnt, die Erfahrung zu machen, daß die Turbomaschine die ideale Maschine ist, daß ihr teilweise schlechterer Wirkungsgrad gegenüber den Kolbenmaschinen reichlich durch die Einfachheit, Geräuschlosigkeit und wenig raumsperrende Anordnung aufgewogen wird.

Eine Unmenge geistiger Arbeit ist schon für die Lösung des Gasturbinenproblems aufgewendet worden, nach Hunderten zählen die bereits erteilten Patente. Obwohl ein praktischer Erfolg noch nicht vorliegt, so mehren sich doch die Zeichen, daß die Lösung in greifbare Nähe rückt. Fast alle großen Motorenfabriken machen zurzeit

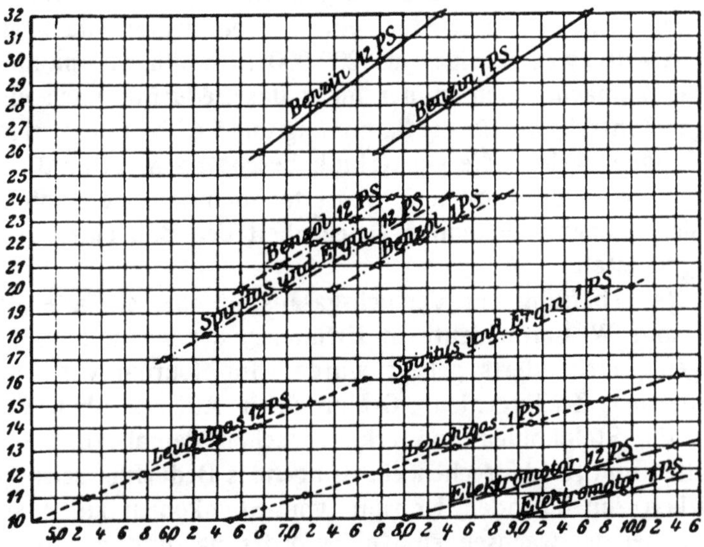

Fig. 17. Ermittelung der Brennstoffkosten.
Ordinaten in Pfennigen pro 1 kg, 1 cbm, 1 KW-Std., Abszissen in Pfennigen pro PS-Std.
(Technische Rundschau 1910.)

Versuche; im Verbrennungslaboratorium der Technischen Hochschule Charlottenburg ist eine 400 PS-Gasturbine aufgestellt; von der Allgemeinen Elektrizitäts-Gesellschaft wird berichtet, daß sie Mittel bis zu 1 Million Mark für Versuchszwecke freigemacht hat.

Wenngleich auch anzunehmen ist, daß bei erfolgreichen Versuchen das Interesse zunächst den Hochofengasen und den flüssigen Brennstoffen sich zuwenden wird, so darf man ähnlich wie beim Benzin- und Großgasmotor doch auch mit einer günstigen Rückwirkung auf die Leuchtgasturbine rechnen.

Blicken wir rückwärts, so müssen wir gestehen, daß allen Maßnahmen, die die Gaswerke trafen, im Erzeugungsprozeß, in der Verteilung und Verwendung des Gases ein voller Erfolg anhaftet. Es verdient dies hervorgehoben zu werden um so mehr, als die Umwälzungen sich in einem relativ kurzen Zeitabschnitt vollzogen, Versuchsanstalten und Laboratorien dem Gros der Werke zum Ausprobieren der vielen neuen Erfindungen nicht zur Verfügung standen. Erst in neuerer Zeit haben sich einige Großstädte diese zugelegt, in denen jetzt jede Neuerung in der Erzeugung, der Verteilung und Verwendung des Gases auf ihren Wert und ihre Brauchbarkeit untersucht wird. Da die Großstädte ihre Laboratorien und Versuchsanstalten aus eigenen Mitteln erhalten und nur für den eigenen Bedarf einrichteten, waren die Werke der Städte mit durchweg weniger als 200 000 Einwohnern um nichts gebessert; auch machte sich immer mehr das Bedürfnis nach einer unabhängigen Zentralstelle für die Sammlung und Bearbeitung von Material für alle Fragen, welche die Gastechnik beschäftigen, geltend, und der Deutsche Verein von Gas- und Wasserfachmännern beschloß deshalb bei der sich zunächst bietenden Gelegenheit den Bau einer Lehr- und Versuchsgasanstalt.

Mit der Schaffung der Versuchsgasanstalt ging ein alter Wunsch der Gas- und Wasserfachleute in Erfüllung, der schon um die Mitte des vorigen Jahrhunderts gehegt wurde. Im Journal von 1868 veröffentlichte der Zivilingenieur Grahn einen Aufsatz über Versuchsanstalten für Steinkohlen und erklärte schon damals, daß diese für Gasanstalten und Kohlenzechen ein dringendes Bedürfnis seien, um bei dem jährlich zunehmenden Konsum von Steinkohlen zur Leuchtgasbereitung, bei der wachsenden Kohlenförderung und der damit verbundenen Erschließung neuer Kohlenfelder und Flöze richtige Anhaltspunkte über die Qualität der Kohlen für die Gasbereitung zu haben. Gelegentlich der Konferenz im Jahre 1872 (Gasj. S. 44) wird das Programm der Versuchsanstalt bedeutend erweitert, da man glaubte, aus der Kohlenuntersuchung allein die Unterhaltung der Anstalt nicht bestreiten zu können, und man kam überein, die Versuchsanstalt gleichzeitig als Ausbildungsanstalt für Gaschemiker, Gastechniker, Gasmeister zu benutzen. Das Projekt scheiterte indessen aus finanziellen Gründen.

Im Jahre 1903 griff H. Bunte den Plan der Erbauung einer Versuchsanstalt wieder auf. Die wirtschaftliche Vereinigung von Sächsisch-Thüringischen Gaswerken wünschte den gemeinsamen Einkauf von Gaskohlen, und es wurden Erhebungen bei den fünf in Betracht kommenden Kohlenrevieren in Sachsen, Westfalen, Saarbrücken, Niederschlesien und Oberschlesien angestellt. Bei der Beratung der Ergebnisse stellte sich heraus, daß den Vertretern der einzelnen Werke der Wert der Kohlen aus anderen Revieren nicht bekannt war, und erst, nachdem man den wirtschaftlichen Wert der einzelnen Sorten auf Grund von Versuchen ermittelt hatte, kamen richtige Vergleiche zutage. Dieser Vorgang löste wieder den Wunsch nach der Versuchsanstalt aus. Der Bau wurde beschlossen, und die Eröffnung fand am 10. Juni 1907 in Karlsruhe statt. Die Kosten betragen etwa M. 100 000, welche, wie die jährlichen Betriebsmittel in Höhe von M. 10 000, größtenteils durch freiwillige Beiträge seitens der Gaswerke aufgebracht wurden. Über die Zwecke und Ziele der Versuchsanstalt sagt Leybold im Gasj. 1907, S. 1140:

»Die Anstalt soll gemäß dem ursprünglichen Antrage dazu dienen, die Ermittelung des wirtschaftlichen Wertes der Steinkohlen — unter wirtschaftlichem Wert werden alle Eigenschaften der Kohlen verstanden, welche für die Gasanstalten von Belang sind, wie z. B. das Verhalten bei der Vergasung, die Menge und Güte des Kokses, des Teers und des Ammoniaks etc. — als Vereinsarbeit vorzunehmen; sie soll die Rohstoffe, die Nebenprodukte beurteilen und über den Einfluß verschiedener Bedingungen auf das praktische und wirtschaftliche Ergebnis des Gaserzeugungsprozesses Untersuchungen anstellen. Wichtige Fragen des Betriebs und ebenso die Leistungen der verschiedenen Betriebseinrichtungen sollen näher beobachtet werden. Das Laboratorium erhält Einrichtungen für die Untersuchung der Vorgänge bei der Vergasung, soll aber auch gründliche Untersuchungen für die Verwendung des Gases, für Beleuchtung und Heizung etc. vornehmen; es erhält die Apparate für die Prüfung von Brennern, Lampen, Gasheizapparaten usw. — Die praktische Erfahrung soll in Verbindung mit wissenschaftlicher Forschung eine genaue Kenntnis aller bisherigen Verhältnisse bei der Fabrikation und bei dem Verbrauch des Gases hervorbringen. Die Verbindung mit der städt. Gasanstalt in Karlsruhe soll die ständige Fühlung mit der Praxis aufrecht erhalten; der Anschluß an die technische Hochschule in Karlsruhe soll dazu dienen, den Anschluß an die Wissenschaft aufrecht zu erhalten, die Gaschemie zu fördern und die Anstalt zu Lehrzwecken nutzbar zu machen. Durch die Ausbildung jüngerer Gasingenieure und Chemiker soll dahin gestrebt werden, ein gründlich geschultes Betriebspersonal zu erlangen.«

In den zwei Jahren ihres Bestehens hat die Anstalt alle in sie gesetzten Hoffnungen erfüllt. Eingehende Untersuchungen über die Bewertung der Gaskohlen fast aller Kohlenreviere sind gemacht und im Gasjournal veröffentlicht. Es ist nicht zu bezweifeln, daß man bei dieser systematischen Untersuchung manche Kohle mit wertvollen Eigenschaften fand, die eine Ausnutzung zuläßt, aber bisher aus

Unkenntnis als minderwertig beiseite geworfen wurde. Auch wird berichtet, daß die Anstalt zur Untersuchung und Abgabe von Gutachten aus anderen Gebieten des Gasfaches seitens der Fabrikanten, Erfinder und Händler benutzt wurde. Ganz besonders bewährte sich die Angliederung der Anstalt an die technische Hochschule, erreichte man doch dadurch die Fühlung mit dem Lehrkörper, die Mitbenutzung der Lehrmittel, der Bibliothek der Hochschule für die Vereinsversuchsanstalt. Auch für die Ausbildung der Gasingenieure sowie für die alljährlichen Ferienkurse der Anstaltsleiter und Betriebsingenieure bedeutet die Anstalt einen großen Gewinn, und es ist wohl anzunehmen, daß sie sich in Kürze zu einer Zentralstelle für Sammlung und Bearbeitung von Material für alle Fragen, welche die Gastechnik beschäftigen, entwickeln wird.

»Den deutschen Gaswerken gereicht es zur Ehre, daß sie in der Lehr- und Versuchsanstalt des Vereins aus freiwilligen Beiträgen eine Stätte wissenschaftlicher Pflege der Interessen ihres Arbeitsgebietes geschaffen haben.« (Bunte, Gasjournal 1909.)

In Zukunft wird die Versuchsgasanstalt noch an Bedeutung gewinnen, besonders, soweit dies ihren Charakter als Lehranstalt für den Nachwuchs der Gasfachleute betrifft. Bis 1900 hat man sich um diesen Nachwuchs überhaupt nicht gekümmert. Es ist bekannt, daß in der ersten Hälfte des vorigen Jahrhunderts die Gasfabrikation als Geheimnis betrachtet wurde, daß die Betriebsleitung fast ein Familienprivileg war, daß die Fähigkeit selbst hervorragender Fachleute mehr auf der Seite des praktischen Könnens als auf der des theoretischen Wissens lag. Erst im letzten Viertel des vorigen Jahrhunderts vollzog sich der Zug nach der chemischen Richtung hin; nach dem heutigen Stande der Industrie ist die Ausbildung der Gasfachleute nach drei Richtungen hin nötig, nach der chemischen, beleuchtungstechnischen und maschinentechnischen. Während fast alle Industrien für die Ausbildung ihrer Fachleute an den technischen Hochschulen Unterkunft gefunden haben, kann man dies von der ältesten, der Gasindustrie, nicht behaupten; sie war darauf angewiesen, ihr Personal selbst zu bilden und zu ziehen. Erst in neuerer Zeit ist in Karlsruhe die systematische Heranbildung von Gasfachleuten durch Schaffung besonderer Studienpläne eingeführt.

Neben den akademisch gebildeten Fachleuten ist für mittlere Betriebe das Bedürfnis für Nichtakademiker vorhanden. Die Befriedigung dieses Bedürfnisses haben sich die übrigen technischen Bildungsanstalten, als da sind Polytechniken, Maschinenbauschulen und

Techniken geteilt. Mit dem Eindringen der Gasindustrie in die Kleinstädte und Dörfer, mit dem immer komplizierter gewordenen Werk- und Installationsbetrieb erwies es sich als wünschenswert, auch die Gas- und Installationsmeister etwas tiefer in die Gastechnik einzuführen, als dies durch ihre praktische Tätigkeit zu geschehen pflegt. Außer bei der Dessauer Gesellschaft, die in dieser Angelegenheit die Initiative ergriff, finden wir Gasmeister- und Installateurschulen an bestehende Bildungsanstalten wie Baugewerks-, Handwerker-, Niedrige Maschinenbauschulen in Köln, Bremen, Berlin, Nürnberg, Breslau, Altenburg, München etc. angegliedert.

Während im letzten Jahrzehnt die Gaswerke im Zeichen der höheren Betriebsformen standen, vollzogen sich in den übrigen Industrieen, im Handel und Verkehr große Konzentrationsbestrebungen, die mit einer Kontrolle der Produktion und des Konsums der Rohprodukte, der Halb- und Fertigware begannen und später regulierend da eingriffen, wo Angebot und Nachfrage infolge Konjunkturschwankungen aus dem Gleichgewicht kamen. Solange die Syndikate diese Bestrebungen als Endzweck hatten, konnte ihre Bildung nur wünschenswert erscheinen; als sie indessen im Laufe der Jahre immer mehr den Charakter amerikanischer Trustgesellschaften annahmen, die als Endzweck die Erzielung hoher Gewinne unter Knebelung des Marktes betrachteten, begannen sie für viele eine Gefahr zu bedeuten. Dies gilt besonders in bezug auf das Kohlenkontor und seinen Großabnehmer, die deutschen Gaswerke. Geschäftliche Maßnahmen der Gaswerke vermochten den Druck, den das Kohlenkontor für den Bezug der Rohprodukte ausübte, erträglich zu machen; doch da, wo sie mit ihrem als Nebenprodukt gewonnenen Koks als Konkurrenten der Syndikate auftraten, erlitten sie andauernd Niederlagen. Von welcher entscheidenden Bedeutung der Koksabsatz für die Rentabilität des Werkes ist, wurde bereits an anderer Stelle gesagt. Es ist deshalb nur natürlich, daß sich auch unter den Gaswerksbesitzern Bestrebungen bildeten, diese zu einem Ring zusammenzuschließen. So leicht es ist, Privatunternehmer unter Hinweis auf bedeutende Gewinne zu vereinigen, so schwierig gestaltete sich dies Werk bei den Gaswerken, die größtenteils im Besitze städtischer Verwaltung sind. Es ist durchaus verständlich, wenn Magistrat und Stadtverordneten sich sträubten, das Odium auf sich zu laden, durch Ringbildungen selbst zur Verteuerung des Brennmaterials beizutragen, und so zerschlugen sich alle Bemühungen, unter den Gaswerken eine

Vereinigung für eine Kontrolle der Roh- und Nebenprodukte herbeizuführen.

Als indessen nach der geschäftlichen Hochflut im Jahre 1900/01 der Erlös aus 10 t Gaskoks von 200 bis 170 auf 90 M. im Jahre 1901/02 herabging, wurde das Projekt wieder aufgegriffen. Ende 1904 konnte die Wirtschaftliche Vereinigung Deutscher Gaswerke A.-G. in Köln, umfassend 158 Werke, gegründet werden. Außerdem existieren noch zwei Vereinigungen, eine wesentlich ältere, die:

Wirtschaftliche Vereinigung von Gaswerken der östlichen Provinzen, Sitz Berlin (60 Werke), und eine jüngere, die

Wirtschaftliche Vereinigung deutscher Gaswerke, Sitz Bremen (185 Werke).

Nach den Mitteilungen Möllers im Novemberheft des Gasjournals 1907 sucht die Kölner Vereinigung in erster Linie den Koksmarkt zu beeinflussen. Ihre Tätigkeit erstreckt sich sowohl auf den Orts- wie Fernabsatz. Jedem Werk wird die Lieferung in das natürliche Absatzgebiet eines anderen der Vereinigung angehörenden Werkes untersagt; auch Händler werden durch Vertrag gebunden, den ihnen gelieferten Koks nicht in dem natürlichen Absatzgebiet eines Gesellschaftswerkes abzusetzen. Der Schutz des natürlichen Absatzgebietes bildet also ein Sonderrecht jedes einzelnen Gaswerkes und kann ohne dessen Zustimmung nicht geändert werden. Diese Maßnahme hat den Zweck, in Zeiten der Hochkonjunktur und noch mehr in Zeiten des stockenden Absatzes zu vermeiden, daß von dem Werk A an Händler in einer Stadt B Kokslieferungen stattfinden und umgekehrt von dem Werk B an Händler in der Stadt A. Solche Lieferungen bestanden, solange die Gaswerke existieren und sind noch heute an der Tagesordnung. Diese unnatürliche Konkurrenz bedeutet volkswirtschaftlich einen direkten Verlust; denn Fracht und Arbeitslöhne werden verwendet, ohne daß der geringste Nutzen daraus gezogen wird. Der natürliche Zustand, daß die Ware, die an einem Ort in hinreichender Menge produziert wird, auch am Ursprungsort abgesetzt und nur der Überschuß nach Gegenden, in denen Mangel herrscht, abgestoßen wird, läßt sich erst vermeiden, wenn sämtliche Werke der Vereinigung angehören.

Für den Fernabsatz lauten die betreffenden Bestimmungen der Kölner Vereinigung:

»Die Vereinigung übernimmt die Verpflichtung der Abnahme und des Verkaufs der ihr von den Gesellschaftswerken zur Verfügung gestellten Nebenerzeugnisse. Die Gaswerke sind gehalten, alle zum Fernabsatz verfügbaren Koksmengen rechtzeitig bei dem Vorstand der Vereinigung anzumelden, sowie ihm alle bei ihnen einlaufenden Anfragen und Angebote unverzüglich zu übermitteln. Sie dürfen keine Abschlüsse in Koks selbständig machen. Zur Schaffung einer geeigneten Grundlage für die Verkaufstätigkeit sind alljährlich bis zum 1. Februar die Mengen und Lieferzeiten des zu verkaufenden Kokses dem Vorstand der Vereinigung anzumelden.«

Nachdem die Jahrespreise für Gaskohlen und Koks anderer Syndikate und Brennstoffverbände bekannt geworden sind, werden die Grundpreise durch den Aufsichtsrat auf Vorschlag des Beirates festgesetzt und dienen dem Vorstand beim Verkauf als Richtschnur. Der Beirat, neben den gesetzlichen Organen der Aktiengesellschaft — Aufsichtsrat, Vorstand, Generalversammlung der Aktionäre — ist eine beratende Körperschaft zur Bestimmung der grundlegenden Geschäftsakte. Er setzt sich zusammen aus 16 bis 18 Betriebsleitern der verschiedenen Gegenden des westlichen, südlichen und mittleren Deutschlands.

Die Absatzgebiete der Kölner Vereinigung für die in Gruppen eingeteilten Genossenschaftswerke werden vom Vorstand statutengemäß vorgeschlagen. Dabei wird ein Werk als Stützpunkt angenommen und für dieses ein Preis festgelegt, dem sich die benachbarten Werke anschließen müssen. Angenommen, für die Stadt X sei der Preis M. 200 franko für 10 t Gaskoks, so bekommt Stadt Y bei M. 25 Fracht M. 175 und Stadt Z bei M. 40 Fracht M. 160 ab Gaswerk. Natürlich müssen genaue Untersuchungen angestellt werden über Angebot und Nachfrage; ein Überangebot ist auf alle Fälle zu verhindern. Deshalb ist an Hand einer Statistik die Aufnahmefähigkeit eines Absatzgebietes möglichst genau zu bestimmen.

Zur Vermeidung jeglicher Spekulation soll jedes Werk so genau wie möglich anmelden, damit nicht einer oder alle spekulieren und bei verkehrter Spekulation alles mit sich reißen. Geht der Markt herunter, so werden alle gleichmäßig getroffen, bei aufsteigender Konjunktur aber ebenso. Jeder Zufall, jede Willkür muß beseitigt werden, der Überschuß fließt in die Kasse und kommt mittelbar den Werken wieder zugute.

Die Abwicklung der Verkäufe und Jahresabschlüsse besorgt die Kölner Vereinigung allein; auch die Verrechnung der Gelder mit den Käufern wird von ihr ausgeübt. Zum 18. jedes Monats erhalten die Werke ihr Guthaben überwiesen, die also bis auf die täglichen Versandanzeigen vollständig entlastet sind.

Die Vorteile, die sich aus dieser Verkaufstätigkeit ergeben, sind:

Einheitliche Übersicht der Absatzverhältnisse,

Regelung des Absatzes,

Sicherheit für die Unterbringung der Mengen,

Sicherstellung eines angemessenen, stetigen Preises,

Schutz des natürlichen Absatzgebietes.

Die allgemeinen Verwaltungsunkosten (Gehälter, Miete, Drucksachen, Reisespesen für den Aufsichtsrat) werden von allen Gesellschaftswerken gleichmäßig getragen durch eine im voraus zu erhebende Abgabe auf die Gaserzeugung des verflossenen Betriebsjahres. Für 1907 betrug sie bei der Kölner Vereinigung 7 Pf. pro 1000 cbm.

Die besonderen Ausgaben (Reisekosten des Vorstandes und der Beamten, Zinsen, Bankspesen, Mindererlöse, Ausfälle) werden durch Umlage von den koksliefernden Werken eingezogen; bisher betrug sie 2 Pf. pro 1000 kg Koks.

Diese Differenzierung der Unkosten mußte vorgenommen werden, um jenen Werken, die der Vereinigung keinen Koks zum Verkauf übergeben und außer dem Verkauf anderer Nebenerzeugnisse als Graphit, Ammoniak, Teer, Gasreinigungsmasse etc. nur den Schutz des natürlichen Absatzgebietes genießen, entgegenzukommen.

Die nebenstehenden statistischen Mitteilungen (Tab. VI) ent-

Tabelle VI.

Jahr	Anzahl der Gesellschaftswerke	Jahreserzeugung in cbm Gas	Gaskoks: Gesamterzeugung in t	Gaskoks: im Fernabsatz verkäufl. t	Gaskoks: abgesetzte Mengen t	Gaskoks: Wert der abgesetzten Mengen M	Teer: abgesetzte Mengen t	Teer: Wert M.	Ammoniak: abgesetzte Mengen t	Ammoniak: Wert M.	Retortengraphit: abgesetzte Mengen t	Retortengraphit: Wert M.	Ausgeb. Reinigungsmasse: abgesetzte Mengen t	Ausgeb. Reinigungsmasse: Wert M.
1904/5	81	—	—	—		—	—	—	—	—	—	—	—	—
1905/6	97	395 000 000	714 611	182 815	200 895	3 102 675	596	14 109	—	—	—	—	—	—
1906/7	107	481 518 769	807 150	217 440	239 928	4 014 299	8 302	206 268	521	43 856	281	13 233	596	10 482
1907/8	122	549 237 397	991 717	273 842	293 972	5 251 720	27 953	660 710	2 924	214 745	704	40 268	2 704	51 740
1908/9	146	578 508 535	1 199 673	293 615	306 473	5 569 427	58 884	1 312 482	7 888	648 491	723	42 018	3 229	71 108
1909/10	146	—	1 240 927	314 074	—	—	—	—	—	—	—	—	—	—

Gesamtjahresumsatz: 1905/6: 3 116 784 M., 1906/7: 4 228 137 M., 1907/8: 6 249 184 M., 1909/10: 7 643 526 M.

nehmen wir dem Bericht über die ordentliche Hauptversammlung der Kölner Vereinigung vom 1. Juni 1908 in Frankfurt a. M. und der Werksversammlung vom 16. Januar 1909 in Köln, worin ein lehrreicher Austausch von Erfahrungen in wirtschaftlichen Angelegenheiten seitens des Vorstandes der Vereinigung erfolgt. Der Bericht schließt mit den Ausführungen:

»Ein Rückblick auf die fünf Jahre des Bestehens der Vereinigung lehrt, daß die bei den Gründungsverhandlungen von den ferngebliebenen Gaswerken ausgesprochenen Zweifel an der Zweckmäßigkeit und dem Erfolge einer gemeinsamen Verkaufsstelle durchaus unbegründet waren. Die Daseinsberechtigung der Vereinigung ist während der günstigen wirtschaftlichen Lage ebenso bewiesen wie zur Zeit der allgemeinen Abschwächung. Eine vorurteilsfreie Würdigung ihres Wirkens wird zugeben müssen,

daß ohne sie der gesamte Gaskoksmarkt seit Jahresfrist völlig untergraben wäre und dieselben Preisstürze von höchster Höhe bis zur größten Tiefe wie 1901/02 sich wiederholt hätten,

daß sie für Gaskoks einen gleichmäßigen angemessenen Preisstand gebracht,

die übermäßigen Schwankungen früherer Jahre verhindert,

einen gleichbleibenden regelmäßigen Absatz geschaffen,

den Schutz des Ortsabsatzes erfolgreich bewirkt, für Teer die drohenden Absatz- und Preisverminderungen eingedämmt und angenehmere einheitliche Abschlußzeiten eingerichtet,

für andere Nebenerzeugnisse durch einheitliche Prüfung der Marktlage geeignete Absatzgelegenheiten besser ausgenutzt hat, als es dem einzelnen Werke möglich war.

Während früher nur in den wirtschaftlichen Bezirksvereinigungen mit ihren losen Bedingungen von vielen Beteiligten der einzig mögliche Weg eines Zusammengehens erachtet wurde, hat die Tätigkeit unserer Vereinigung auch anfänglich Widerstrebende als überzeugte Anhänger in den Kreis gezogen und bewiesen, daß auch die Stadtverwaltungen ihre gleichen Interessen, ihre gleichartigen wirtschaftlichen Angelegenheiten bei Ein- und Verkauf einheitlich und erfolgreich regeln und die Syndikatsformen mit ihrem festeren Gesellschaftsgefüge ebenso ersprießlich sich dienstbar machen können, wie es seit langen Jahren die berufenen Vertreter des Handels und der Industrie in vorbildlicher Weise getan haben.«

Obwohl in den Jahresberichten nie etwas über den Einkauf der Kohlen, der für die Rentabilität des Werkes von derselben Bedeutung ist wie der Verkauf der Nebenprodukte, veröffentlicht wurde, so erstreckt sich doch auch die Tätigkeit der Kölner Vereinigung auf dieses Gebiet. Im Juliheft des Journals 1907 sagt Möllers, Köln, daß ein solcher Einkauf von englischen Kohlen bereits stattgefunden hat, und empfiehlt dringend, den Einkauf durch die Zentralstelle organisieren zu lassen, damit nicht die Nachfrage durch Anfragen von allen Seiten günstig erhöht wird. Mit Recht fordert Möllers von den Brennstoffverbänden, daß sie den Gaswerken als öffentlichen Anstalten mit fast gleichbleibendem Konsum die bevorzugte Stellung in der Kohlenversorgung einräumen, wie sie diese bei anderen Industrieen, die die Preise für ihre Erzeugnisse nach Angebot und Nachfrage regeln können, gewähren, und macht dafür nationalpolitische Rücksichten geltend, damit unser gutes deutsches Geld für deutsche Kohlen ausgegeben wird und im deutschen Lande bleibt.

Das Anschneiden dieser Frage führt Möllers nun zu der Untersuchung, wie weit denn englische Kohlen überhaupt für die deutschen Gaswerke in Frage kommen. Dabei soll die technische Verwendbarkeit englischer Kohlen ausscheiden. Die beste deutsche Kohle ist der besten englischen gleichwertig, lediglich die wirtschaftliche Möglichkeit des Bezuges wird untersucht.

Sowohl die geologischen Verhältnisse wie die geographische Lage Englands sprechen für den Export seiner Kohlen. Etwa ein Viertel seiner gesamten Kohlenförderung führt England ins Ausland; im Jahre 1906 betrug die englische Kohlenausfuhr 50 Mill. t, wovon Deutschland den Löwenanteil, etwa 9 Mill. t, importierte[1]). An Gaskohlen dürften hierbei etwa 1 bis 1,3 Mill. t eingeführt sein. In Frage kommen nur die Zechen in der Nähe der Ausfuhrhäfen am Tynefluß: Newcastle, Seaham, Yorkshire, Hull etc.; das Verschiffen von der Westküste hat sich als unrentabel erwiesen. Die Preise für brauchbare Gaskohle betragen etwa M. 8 bis 9 pro t fob Ausfuhrhafen.

Unter den deutschen Gaswerken müssen wir nun unterscheiden zwischen jenen, die infolge ihrer geographischen Lage auf den Bezug englischer Kohlen angewiesen sind, und denen, die nur im Notfalle dazu gedrängt werden. Zu den ersteren gehören die Küstengebiete der Ost- und Nordsee.

Die Gesamteinfuhr englischer Kohlen für die Ostseehäfen beträgt etwa 3 Mill. t, davon sind etwa $^1/_4$ Gaskohlen. Die Preise stellen sich in den einzelnen Jahren für Danzig und Königsberg so gering, daß

[1]) 1909: 9 672 000 t (1908: 9 647 000 t). Englische Gesamtausfuhr 1909: 63 077 000 t.

Schlesien für diese Orte überhaupt als Konkurrenz ausscheidet. Selbst für Stettin kommt Schlesien nicht mehr ernsthaft in Frage, und die Ruhrkohle, die vom Kohlensyndikat in den ersten Jahren seiner Tätigkeit an die Küste gebracht wurde, hält sich heute nur noch in Kiel gegenüber der englischen Konkurrenz.

Unter den Binnenstädten sind wenige, die englische Kohlen benutzen. Die Überladung in Eisenbahnwagen und der Transport per Achse verursachen derartige Kosten, daß hier in den meisten Fällen der Bezug heimischer Kohlen vorteilhafter ist. Nur Berlin macht eine Ausnahme infolge seiner Wasserverbindungen, und es ist anzunehmen, daß sein Kohlenkonsum, der schon jetzt zur Hälfte aus englischen Kohlen besteht, nach Herstellung des Großschiffahrtskanals noch mehr von den Engländern beherrscht werden wird. Die Berliner städtischen Werke zahlten

	schlesische Kohlen	englische Kohlen	
1882	17,50 M.	14.00 M.	pro 1000 kg.
1888	17,50 „	14.00 „	
1889	17,50 „	14.00 „	
1890	19,50 „	14.00 „	
1893	19,50 „	14.00 „	
1894	19,50 „	14.00 „	
1897	18—19 „	15.50 „	
1900	20,00 „	24.00 „	
1901	22,00 „	21.00 „	
1903	19,00 „	17.35 „	
1904	20,00 „	15.50 „	
1905	20,00 „	16.00 „	

Auch Magdeburg kann mit Erfolg englische Kohlen beziehen, dagegen tut Leipzig schon besser, seinen Bedarf aus sächsischen Kohlenrevieren zu decken.

Für die Einfuhr über Bremen und Hamburg haben die billigen Ausnahmetarife der Eisenbahn für Kohlen den westfälischen Revieren das Übergewicht gegeben.

Hessen, Hannover, Sachsen und die thüringischen Staaten sind wie die Schlesien vorgelagerten auf deutsche Kohlen angewiesen, und nur im Falle eines Generalstreiks kommen sie für englische Kohlen in Frage. Dasselbe läßt sich von den westlichen und südlichen deutschen Staaten sagen. Fast scheint es, daß Mannheim den Bezug englischer Kohlen über Rotterdam ermöglichen kann; denn wir finden gezahlte Preise:

	Mannheim		Karlsruhe	
	engl. Kohle	Saarkohle	engl. Kohle	Saarkohle
1903	16,75 M.	16,50 M.	17,60 M.	18,50 M.
1904	16,50 „	17,00 „	17,25 „	18,10 „

Es sind nun nicht allein die hohen Preise des Kohlensyndikats, die den Bezug der englischen Kohle von Fall zu Fall in den Vordergrund drängen, nicht selten ist es auch die Kohlennot, die sich in Zeiten der Hochkonjunktur bemerkbar macht. Ganz besonders war dies im Jahre 1907 fühlbar, wo gerade die den Zechen nahegelegenen Gaswerke im westlichen Deutschland zu leiden hatten, während in den östlichen Gebieten die Kohlenreviere in Schlesien, Böhmen und Sachsen den Ansprüchen gerecht werden konnten. Eingehende amtliche Feststellungen seinerzeit ergaben, daß Arbeiter- und Wagenmangel die Ursache war. Ganz schuldlos dürfte indessen das Kohlensyndikat nicht ausgehen; fest steht, daß auch die Stillegung der Zechen, die durch die Politik des Kohlenkontors bedingte Verschmelzung leistungsfähiger Zechen mit Hüttenwerken die stockende Lieferung zur Folge hatten.

Teilt man den Gaskonsum dem Verwendungszweck entsprechend ein, so ergibt sich, daß ein erheblicher Teil zu anderen als Leuchtzwecken, zu Koch-, Heiz- und Kraftzwecken verwandt wird. Obwohl die Gaswerke ursprünglich als reine Lichtzentralen gedacht waren, zeigt ihre Entwickelung in immer steigendem Maße ihre Bedeutung als Wärme- nnd Kraftzentrale. Namentlich für die beiden letzten Jahrzehnte trifft dies zu. Noch 1896 stellt Schilling den Anteil des Gases zu anderen als Leuchtzwecken mit 17% des Privatkonsums statistisch fest. Wie Schäfer nachweist, sind die Angaben bezüglich der Gasmotoren und ihres Verbrauches höchst mangelhaft, und nach eingehender Behandlung der Lücken des Schillingschen Materials kommt Schäfer zu dem Schluß, daß bei vorsichtiger Schätzung etwa 25% des Privatkonsums für technische Zwecke Verwendung findet. Knapp drei Jahre später diente bereits ein volles Drittel der Privatgasabgabe in Deutschland nicht zur Beleuchtung, worüber Schäfer (Journal 1900, S. 402) sagt:

> »Die Wärme- und Kraftversorgung der deutschen Städte durch Gas bedingte im Jahre 1899 eine um 50% größere Gasabgabe, als die Lichtversorgung allein nach Abzug der Straßenbeleuchtung vorausgesetzt hätte.«

Diese Entwicklung nimmt in den nächsten Jahren noch mehr zu; überall ist in den jährlichen Berichten festzustellen, daß die Verwendung des Gases zu technischen Zwecken in erheblich stärkerem Maße steigt als der auch ganz bedeutend zunehmende Gasverbrauch zu Leuchtzwecken, und die Zeit wird kommen, wo die Bedeutung der Gaswerke als Wärme- und Kraftzentralen eine größere ist, als die, um derenthalben sie gegründet wurden, als Lichtzentralen.

Vom allgemeinen volkswirtschaftlichen Standpunkt aus betrachtet, ist diese Entwicklung mit Freuden zu begrüßen; denn die in der Kohle aufgespeicherte Wärme erfährt durch die Gasfabrikation eine viel bessere

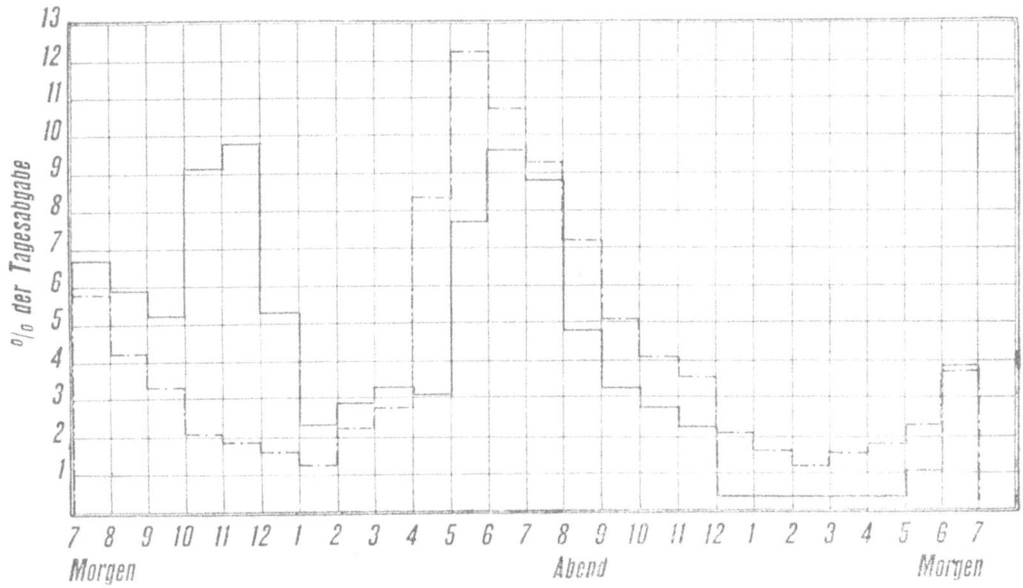

Fig. 18. Stündliche Gasabgabe in Prozenten der höchsten Tagesabgabe.

–·– Gaswerk mit gemischter Leucht-, Koch- und Kraftgasabgabe.

—— Gaswerk mit fast ausschließlicher Koch- und Kraftgasabgabe.

Ausnutzung, als dies bei ihrer Verbrennung in Koch- und Heizöfen geschieht. In bezug auf die Gaswerke kann gesagt werden, daß gerade sie es sind, die diese Entwicklung angeregt haben und die ihr heute mehr denn je zuvor Vorschub leisten; denn nichts ist so sehr geeignet, die Rentabilität des Gaswerkes zu steigern, als der möglichst große Konsum an Gas zu anderen als Leuchtzwecken. Dies liegt darin begründet, daß die Beanspruchung der Betriebseinrichtungen durch Gas zu technischen Zwecken einerseits und Leuchtzwecken anderseits zeitlich nicht zusammenfällt. In Fig. 18 ist die Gasentnahme während 24 Stunden für Leucht-, Koch- und Heizzwecke graphisch dargestellt. Wir erkennen, daß für Leuchtzwecke der Hauptkonsum in den Nachmittagsstunden von 4 bis 7 Uhr liegt, daß der Bedarf an Kochgas hauptsächlich in den Morgenstunden auftritt, daß Gas für gewerbliche Zwecke fast gleichmäßig während der Tagesstunden entnommen wird. Tragen wir den Konsum der einzelnen Monate für ein volles Jahr auf, so erhalten wir das in Fig. 19 dargestellte Bild. Im allgemeinen konnte festgestellt werden, daß die größte Gasabgabe auf einen der kürzesten Dezembertage, die geringste auf einen der längsten Sommertage fällt. Das Verhältnis zwischen dem stärksten Konsum in der Stunde und dem gesamten Kon-

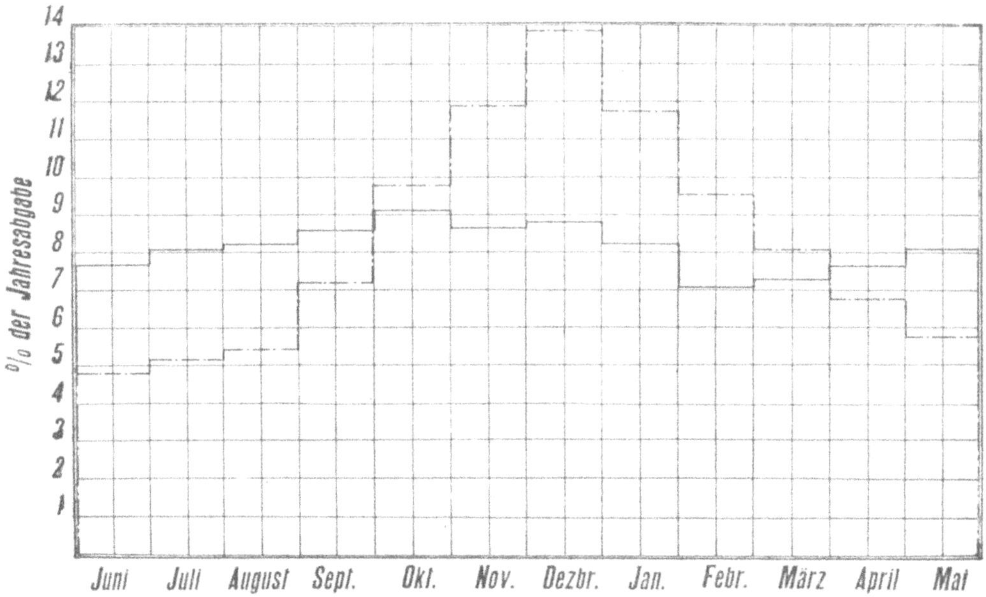

Fig. 19. Monatliche Gasabgabe in Prozenten der Jahresabgabe.

—·— Gaswerk mit gemischter Leucht-, Koch- und Kraftgasabgabe.

—— Gaswerk mit fast ausschließlicher Koch- und Kraftgasabgabe.

sum am Maximaltage beträgt etwa $^1/_8$ bis $^1/_{10}$. Die Gasabgabe am Maximaltage verhält sich zum Jahreskonsum etwa wie 1 : 200, und die geringste Gasabnahme im Sommer verhält sich zur höchsten im Winter etwa wie 1 : 5.

Durch Aufspeicherung des Gases in großen Behältern lassen sich ohne Verluste die Tagesschwankungen leicht unter gleichmäßiger Beanspruchung der Betriebseinrichtungen ausgleichen. Für die Schwankungen des täglichen Konsums in den einzelnen Jahreszeiten ist eine Aufspeicherung nicht möglich, hier muß der vermehrten oder verminderten Gasentnahme entsprechend die Produktion eingerichtet werden. Es ist nun leicht zu erkennen, daß, da die Betriebseinrichtungen für den Maximalkonsum bemessen sein müssen, sie während des größten

Teiles des Jahres brachliegen, sobald der Gaskonsum in der Hauptsache von der Beleuchtung abhängig ist. Je größer indessen der Anteil des Gases zu Koch-, Heiz- und Kraftzwecken ist, um so gleichmäßiger gestaltet sich der Konsum in den einzelnen Tagesstunden und, was noch wichtiger ist, in den einzelnen Jahreszeiten. Nur mittelbar richtet sich das Anlage- und Betriebskapital eines Gaswerkes nach dem Jahreskonsum, unmittelbar dagegen nach dem Maximalkonsum. Nach Schäfer (Gasj. 1894, S. 377) könnte, wenn es gelingt, den Gasverbrauch auf die einzelnen Tages- und Jahreszeiten gleichmäßig zu verteilen, jede deutsche Gasanstalt mindestens doppelt soviel Gas liefern als jetzt, ohne ihre Anlage irgendwie erweitern zu müssen.

Noch mehr als die Betriebseinrichtungen der Gasanstalt wird das Rohrnetz durch die schwankende Abgabe in Mitleidenschaft gezogen; denn während jene auf den Maximaltageskonsum zugeschnitten sein müssen, ist für das Rohrnetz der Maximalstundenkonsum maßgebend, und so erkennen wir, daß nur wenige Stunden im Jahr das Rohrnetz voll ausgenutzt ist. Die Rentabilität des Werkes läßt sich also bedeutend verbessern, wenn es gelingt, Gaskonsumenten zu gewinnen, deren Maximalkonsum zeitlich nicht mit jenem zusammenfällt, der aus der Gasentnahme zu Leuchtzwecken resultiert.

Zur Erreichung dieses Zweckes lassen sich verschiedene Maßnahmen treffen. Am ältesten und verbreitetsten ist jene der Differenzierung des Verkaufspreises. So unlogisch es erscheint, für ein und dieselbe Ware je nach der Verwendung verschiedene Preise zu fordern, bei näherer Untersuchung werden wir die innere Berechtigung hierzu nicht ganz von der Hand weisen können.

Solange der Maximalkonsum abhängig von der Beleuchtung ist, bestimmt sie allein die Höhe des Anlagekapitals, die Zinsen und Amortisation und das Betriebskapital, während das Gas zu andern als Leuchtzwecken, schon weil es den Vorteil bringt, daß sich die Herstellungskosten bei großer Produktion kleiner stellen als bei geringerer, nur zum Teil zur Deckung der Zinsen und Abschreibungen herangezogen werden kann. Eine nicht ganz ausgenutzte Anstalt, deren Betriebseinrichtungen noch für Jahre hinaus den sich normal entwickelnden Ansprüchen genügt, kann durch den Anschluß einiger hundert Leuchtflammen gezwungen werden, umfangreiche Vergrößerungen vorzunehmen, während für dieselbe Flammenzahl für am Tage entnommenes Gas zu Koch-, Heiz- oder Kraftzwecken die vorhandenen Anlagen genügen würden. Tages- und Sommergas sind deshalb auch das Feldgeschrei, mit denen in der Gastechnik operiert wird.

Der Verkauf des Gases zu andern als Leuchtzwecken, selbst zu Preisen der Gestehungskosten, kann unter Umständen geraten sein, wenn das Belastungsdiagramm des Werkes, vom Leuchtgaskonsum beeinflußt, zu sehr in eine Spitze ausläuft. »In dem Augenblick aber, wo der Konsum des gewerblichen Gases zu einem integrierenden Teil des gesamten Gasabsatzes wird und einen bestimmten Prozentsatz desselben überschreitet, muß bei einem erheblichen Abschlage des für gewerbliches Gas gezahlten Preises die Rentabilität des Gaswerkes nicht bloß relativ, sondern auch absolut sinken«, wie Lux (Die wirtschaftliche Bedeutung der Gas- und Elektrizitätswerke) dies an einem Beispiel der Berliner Anstalten nachzuweisen sucht. Um die vielen möglichen Differenzierungen der Gaspreise zwischen diesen beiden Grenzfällen hat sich die Praxis fast nie gekümmert. In der Regel finden wir den Preis für gewerbliches Gas um 20 bis 25 % niedriger als für Leuchtgas. Vereinzelt sind auch verschiedene Preise für Sommer und Winter durchgeführt, um eine Steigerung des Absatzes in der stillen Zeit und damit eine gleichmäßige Verteilung auf die einzelnen Jahreszeiten herbeizuführen, was durchaus eine innere Berechtigung hat. In neuerer Zeit mehren sich die Fälle, wo man wieder zum Einheitspreis, wie er bestand, als die Werke noch reine Lichtzentralen waren, zurückkehrt. Berechtigt wäre diese Umkehr, wenn die Konsumziffern des Leucht- und gewerblichen Gases sich gegenseitig so ergänzen, daß sie zu gleichen Teilen die Rentabilität des Werkes in einer Richtung beeinflussen. Wenngleich auch die Entwicklung auf die Wiedereinführung des Einheitspreises hindrängt, in den allerseltensten Fällen waren indessen Erwägungen dieser Art maßgebend. In der Regel gaben die erheblichen Erleichterungen des Verkaufsgeschäftes, die in der Aufstellung nur eines Gasmessers, in der einheitlichen Leitung und in der bequemeren Verrechnung liegen, den Ausschlag. Daß dabei der Entwicklung häufig Gewalt angetan wurde, zeigt der Konsum des Gases zu Kraftzwecken; denn in den Städten, wo die strenge Durchführung des Einheitspreises geschah, ist ein bedeutender Rückgang der an das Gaswerk angeschlossenen Gasmotoren zu konstatieren. Nachdem wir vor der vollendeten Tatsache stehen, lassen sich Untersuchungen über die für die Rentabilität notwendige Einführung des Einheitspreises nicht mehr durchführen; denn das Gas wird nicht mehr nach seinem Verwendungszweck besonders gemessen, und die Untersuchung auf Grund der angeschlossenen Flammenzahl gibt ein zu ungenaues Ergebnis, als daß daraufhin positive Entschlüsse gefaßt werden können. Selbst die Konsumsteigerungen, die einige Städte nach Einführung des Einheitspreises zu verzeichnen haben, besagen nichts; denn für diese lassen sich noch ganz andere Erklärungen von weittragenderer Bedeutung geltend machen. Auch muß dringend gewarnt werden, gerade in dieser Frage zu verallgemeinern; was für eine Stadt richtig ist, kann für eine andere direkt ein Fehler sein; stets sind die örtlichen Verhältnisse zu berücksichtigen, besonders ob das als Konkurrenz in Betracht kommende Elektrizitätswerk unter derselben Verwaltung steht oder sich in fremden Händen befindet.

Aus dem bisher Gesagten ist schon zu erkennen, welche Aufmerksamkeit der Tariffrage in der Finanzpolitik der Gaswerke geschenkt werden muß. Dabei ist zu beachten, daß bisher alle Konsumenten gleich behandelt wurden, daß der Großabnehmer mit einem Jahreskonsum von über 100000 cbm denselben Einheitspreis hat, den der kleine Mann für den Verbrauch seiner wenigen Flammen zahlt. — Es verdient dies ausdrücklich hervorgehoben zu werden, denn bei den meisten Gaswerken besteht diese ungerechte Verteilung der Lasten, die nur durch die Monopolherrschaft gehalten wird. Ungerecht ist diese einseitige Behandlung insofern, als den Gaswerken sowohl bei der Produktion, der Verteilung und dem Verkauf eines großen Quantums bedeutend geringere Kosten entstehen, als dies bei kleinen Gasmengen der Fall ist. Der Einwand, der Großabnehmer als der in der Regel Kapitalkräftigere könne diese stärkere Heranziehung eher vertragen als der kleine Mann, muß als verfehlt angesehen werden, schon weil die Gaswerke mit einer auf diese Weise betriebenen Sozialpolitik isoliert dastehen.

Von den Elektrizitätswerken, die eine großzügige Tarifpolitik treiben und, wie die Entwicklung zeigt, mit gutem Erfolg betreiben, könnten die Gaswerke viel lernen. Konsum- und Intensitätsrabatt finden bei ihnen ausgedehnte Anwendung (Kallmann, Die Strompreise, E. T. Z. 1897, Heft 16). Den Konsumenten bieten sich bei diesem Tarifsystem in jeder Hinsicht Vorteile. Das Werk hat unter allen Umständen die gleiche Rentabilität. Es soll nicht verkannt werden, daß bei den Elektrizitätswerken mehr als bei den Gaswerken die Einführung dieses Tarifsystems eine zwingende Notwendigkeit war; denn die Großabnehmer der Elektrizitätswerke neigen ohnehin stark zu der Anlegung eigener Zentralen, was bei den Großabnehmern der Gaswerke nicht der Fall ist. Nicht mit Unrecht wird von bedeutenden Fachleuten gesagt, daß der Rückgang der Zahl der Gasmotoren vermieden wäre, wenn die Gaswerke bei Einführung des Einheitspreises weniger schematisch gehandelt hätten. Diese Erkenntnis gewinnt immer mehr Anhänger und zeitigt auch schon praktische Resultate. Werke, die in jüngster Zeit zum Einheitspreis übergingen, geben Gas zu Kraftzwecken erheblich billiger ab und haben außerdem einen Konsumrabatt eingeführt. Auf die Staffelung des Rabatts soll hier nicht eingegangen werden, Kallmann, Singel, Lux, Rasch u. a. haben für Elektrizitätswerke in der E. T. Z. so eingehend die Frage behandelt, daß die sinngemäße Anwendung auf einen gegebenen Fall für die Gaswerke ohne weiteres möglich ist.

Es ist vorhin schon angedeutet worden, daß es außer der Tarifpolitik im Verkaufsgeschäft noch andere Mittel gibt, die zu einer Steigerung des Konsums führen. Das modernste ist die Reklame in Wort und Schrift. Der kategorische Imperativ »Koche mit Gas!« ist schon in der Bevölkerung zu sehr Gemeinplatz geworden, so daß es überflüssig ist, an dieser Stelle darauf einzugehen. Die gute Wirkung der Reklame veranlaßte den Verein der Gasfachmänner sogar, Wanderrednerinnen anzustellen, die die einzelnen Städte bereisten und das Interesse für Gaskochen wachriefen. In Ausstellungen und Vorführungen von Gasküchen wurde das Publikum im Gebrauch der Gaskocher unterrichtet, kostenfrei werden die Kochgasmesser mit den erforderlichen Leitungen eingebaut und Kochapparate gegen Miete und geringe Abzahlungen den Konsumenten seitens der Gaswerke zur Verfügung gestellt. Besser konnte selbst der gerissenste Geschäftsmann die Werbetrommel nicht rühren, als dies die doch meistens in städtischem Besitz befindlichen Gaswerke besorgten. Dafür ist ihnen aber auch der volle Erfolg beschieden, denn immer mehr nähern wir uns dem Zeitpunkt, wo »kein Haus ohne Gas« ist.

Die großen Erfolge, welche dies Drängen in die Öffentlichkeit den Gaswerken brachte, führten dazu, die bisher von den Betriebsleitern mehr auf eigene Faust betriebene Aufklärungsarbeit zu zentralisieren und sämtliche Gaswerke zu einem Verein zur Wahrung der Interessen der Gasindustrie Deutschlands zusammenzuschließen. Am 14. März d. J. erfolgte die Gründung unter dem Namen »Zentrale für Gasverwertung« mit dem Sitz in Berlin.

Aus dem Protokoll der konstituierenden Versammlung ist zu entnehmen, daß die Zentrale einen wirtschaftlichen Geschäftsbetrieb ausschließt.

Zweck und Aufgaben des Vereins sind nach § 2 der Satzungen die Förderung der Gesamtinteressen der Gasindustrie, insonderheit:

a) durch Aufklärung des Publikums, der Presse und der Behörden die Verwendung des Gases für Licht-, Wärme-, Kraft- und insbesondere auch für Industrie- und Handwerkszwecke zu fördern,

b) den Vereinsmitgliedern und Behörden Mitteilungen sachlicher und statistischer Art zu machen über alle das Gasfach berührenden wirtschaftlichen und technischen Fragen,

c) den Mitgliedern des Vereins Ingenieure und Damen für Werbezwecke und Vorträge zu empfehlen oder zur Verfügung zu stellen,

d) Fachausstellungen größerer und kleinerer Art zu fördern und die Beteiligung bei internationalen Ausstellungen zu organisieren,

e) Verbindung mit den Behörden in ganz Deutschland zu unterhalten, um Einfluß auf behördliche, insbesondere polizeiliche, sowie auf gesetzgeberische, das Gasfach betreffende Maßnahmen zu gewinnen,

f) mit allen Fachvereinigungen, insbesondere mit dem Deutschen Verein von Gas- und Wasserfachmännern und seinen Zweigvereinen, sowie mit allen wirtschaftlichen Vereinigungen der Gasindustrie zu den vorgedachten Zwecken Fühlung zu nehmen.

Die Mitgliedschaft können die Eigentümer oder Unternehmer von Gaswerken, und zwar als Behörden, Firmen oder Personen, sowie Vereine, Firmen und Personen, die der Gasindustrie förderlich sind, erwerben.

Zur Bestreitung der Kosten werden Beiträge erhoben, die zwischen M. 100 und 5000 nach Maßgabe der Jahresproduktion schwanken.

Überall sehen wir in den letzten zehn Jahren eine ungeheure Steigerung des Kochgaskonsums um 100 bis 1000 % sich vollziehen. Dabei sind die wohlhabenden Haushaltungen trotz Einführung der elektrischen Beleuchtung die besten Kunden der Gaswerke geworden. In den vornehmeren Villenvierteln Berlins beträgt der Gasverbrauch bis zu 360 cbm pro Kopf und Jahr (Gasj. 1907, S. 782). Obwohl diese Zahlen zu den Seltenheiten gehören, so beweisen sie doch, daß der Ausfall an Gas zu Leuchtzwecken bei Einführung des elektrischen Lichts vollkommen Ersatz durch die intensivere Benutzung des Kochgases gefunden hat. Wie sehr die Steigerung des Konsums in den letzten zehn Jahren stattgefunden hat, veranschaulicht so recht die nachstehende Tabelle. Bis zum Jahre 1898 stieg der Gasverbrauch um ca. 20 % innerhalb zehn Jahren, im letzten Dezennium plötzlich um 40 %. Die Entwickelung kann noch lange nicht als abgeschlossen angesehen werden, wie dies Kobbert im Gasjournal 1907 an einem Zahlenbeispiel einer Stadt von 220 000 Einwohnern, die sich über 40 000 Haushaltungen verteilen, nachweist. Auf Grund praktischer Erfahrungen beträgt der Durchschnittsgasverbrauch in einem Haushalt von etwa 5 Personen 1,5 cbm

Tabelle VII.

Ort bzw. Gaswerk	Einwohnerzahl der Stadt bzw. des Beleuchtungsgebiets in Tausenden						Jährliche nutzbare Gasabgabe auf den Kopf der Bevölkerung cbm					
Betriebsjahr	1858	1868	1878	1888	1898	1908	1858	1868	1878	1888	1898	1908
1. Altenburg . . .	17,0	19,0	26,0	34,0	36,0	42,0	—	—	—	—	37,50	42,10
2. Berlin Stadt I. C. G. A.	458,6	729,0	1054,7	1471,9	1803,2	2097,7	35,10	59,00	76,60	80,30	91,20	142,20
3. Braunschweig. .	40,6	52,2	71,4	94,7	123,0	141,4	—	15,20	27,05	35,21	40,24	56,53
4. Bremen	61,0	78,0	112,0	129,0	156,0	229,0	15,65	30,72	39,13	49,69	67,33	119,84
5. Cöln	114,0	127,4	139,7	183,0	319,0	463,1	—	—	90,43	91,89	85,38	95,97
6. Crimmitschau . .	9,0	14,0	18,0	23,0	27,0	34,0	5,10	20,00	23,50	22,30	29,70	53,60
7. Danzig	76,0	90,0	101,0	115,0	132,0	169,0	—	8,41	19,77	24,14	34,10	59,17
8. Darmstadt . . .	28,0	32,0	40,0	51,0	66,0	95,0	—	—	—	30,30	42,60	84,70
9. Elbing	25,0	28,0	34,0	38,0	48,0	55,0	7,68	10,75	11,09	18,03	21,05	38,47
10. Flensburg . . .	19,0	22,0	29,0	35,0	44,4	55,7	11,40	11,60	13,60	22,20	52,40	90,00
11. Gießen	8,9	9,9	15,8	19,9	24,5	31,7	—	—	—	31,00	45,00	57,00
12. Greiz	9,5	10,7	15,0	18,7	22,8	23,0	0,30	12,00	24,90	39,70	44,30	72,80
13. Halle a. S. . . .	40,3	50,0	67,0	90,7	125,4	176,0	10,70	21,50	30,60	44,50	51,40	60,24
14. Heilbronn . . .	12,5	16,9	25,0	32,0	39,0	55,0	15,60	23,00	33,68	36,50	39,95	52,36
15. Hof	10,4	14,5	19,0	23,8	30,8	40,0	13,01	22,02	26,74	37,40	48,16	50,75
16. Kaiserslautern .	12,0	16,0	25,0	35,0	45,0	56,0	—	—	30,60	42,20	54,00	72,10
17. Karlsruhe . . .	25,8	33,1	46,8	67,0	91,9	120,0	14,86	22,88	53,05	67,07	98,02	117,19
18. Kiel	17,0	27,0	44,0	62,0	95,0	137,0	17,60	22,80	25,30	38,40	49,30	94,90
19. Königsberg . .	81,0	106,3	120,0	152,0	174,0	233,8	—	23,76	—	29,63	38,38	—
20. Landshut . . .	11,8	14,8	16,8	17,9	20,8	24,2	4,10	10,00	13,00	23,60	46,90	45,90
21. Liegnitz	17,8	21,4	35,0	47,4	54,3	64,0	—	17,45	24,93	25,34	30,57	50,50
22. Ludwigshafen .	2,8	5,0	14,0	27,0	39,5	83,0	9,31	17,48	18,12	25,03	29,38	46,00
23. Lübeck	31,1	37,7	48,6	60,4	72,0	100,4	18,90	26,10	28,90	34,70	48,20	73,70
24. Mannheim . . .	27,0	34,0	49,0	66,0	105,0	182,0	20,37	22,35	38,90	66,60	65,20	66,70
25. Mülheim a. Rh. .	6,0	8,9	15,4	23,7	40,1	52,2	19,00	35,00	50,00	46,00	49,00	57,00
26. Mülheim a. Ruhr .	11,5	13,8	31,3	42,0	70,0	100,0	20,90	30,00	26,20	30,00	30,76	52,63
27. München . . .	123,0	155,0	215,0	293,0	446,0	560,0	8,70	15,80	27,60	38,90	34,60	53,20
28. Neuß	10,9	13,0	16,6	21,5	26,5	32,2	10,00	14,00	29,00	31,00	46,00	70,00
29. Osnabrück . . .	15,4	20,0	32,1	37,8	48,8	62,4	8,64	25,02	24,56	34,21	53,38	68,30
30. Pforzheim . . .	15,0	16,5	27,0	34,0	45,0	62,0	—	34,90	35,60	60,90	88,00	135,00
31. Plauen i. V. . .	15,0	21,0	32,0	45,0	61,0	111,0	6,00	16,00	33,00	42,00	59,00	85,00
32. Posen	41,0	48,0	60,0	68,0	70,0	140,0	—	—	27,20	32,50	55,50	67,80
33. Solingen	10,0	13,0	17,0	19,0	41,0	50,0	8,00	12,00	18,00	19,00	50,00	73,00
34. Stralsund . . .	20,0	27,0	28,0	29,0	30,0	33,0	10,60	17,90	20,30	22,00	33,20	54,00
35. Tilsit	15,2	17,5	21,0	24,0	30,5	40,0	7,90	11,00	11,40	17,90	32,60	58,70
36. Witten	6,9	13,6	16,4	24,2	31,8	36,4	12,91	30,29	44,09	31,99	39,66	63,03
37. Würzburg . . .	25,2	35,9	45,6	58,7	72,8	86,0	10,00	16,00	21,40	24,68	34,31	57,24
38. Zittau	12,0	15,0	21,0	24,0	29,0	36,0	6,14	17,76	34,55	45,10	54,78	69,50
39. Zweibrücken . .	7,2	7,8	9,8	10,9	12,9	15,0	15,50	20,50	36,10	45,60	75,80	124,60
40. Zwickau	19,0	29,0	37,0	47,0	66,0	76,0	—	12,00	27,00	39,00	41,00	63,00
Zusammen	1509,4	2043,9	2672,0	3696,2	4816,0	6200,2	—	—	—	—	—	—
bzw. im Durchschnitt	—	—	—	—	—	—	12,28	20,74	30,99	37,86	49,20	71,66
Zahl der Städte . .	40	40	40	40	40	40	28	34	36	39	40	39

pro Tag. Das mag als Durchschnittsverbrauch einer Familie mit 3 Zimmerwohnung angesehen werden. Nach der Statistik machten diese Wohnungen 15 %, die größeren 10 und die kleineren 75 % der gesamten Wohnungen aus. Auf Grund dieser Zahlen ergibt sich als Durchschnittsgasverbrauch pro Tag und Haushalt 0,75 · 0,66 + 0,15 · 1 + 0,2 · 2 = 1,3 cbm. Für die Ermittelung des möglichen Kochgasverbrauches seien 300 Tage angenommen; dann ergibt sich eine Jahreskochgasabgabe von 40 000 · 1,3 · 300 = 15,6 Mill. cbm. Die Jahreskochgasabgabe, die jetzt in dieser Stadt 40 % der Gesamtgasabgabe (14,2 Mill.) ausmacht, läßt sich durch geeignete Maßnahmen sehr gut auf das 2½fache steigern. Es ist absichtlich dieses Beispiel angeführt, weil mit der Einführung des Einheitspreises die Möglichkeit verschwindet, den Anteil des Kochgases an der Gesamtgasabgabe festzustellen. Daß aber diese Steigerung um das 2½fache in der besagten Stadt durchaus im Bereich des Möglichen liegt, zeigen die Verhältnisse anderer Städte. Pro Kopf und Jahr der Bevölkerung sind heute selbst in Deutschland schon 150 cbm keine Seltenheit und sogar von Berlin erreicht. Auf die Stadt von 220 000 Einwohnern übertragen, ergibt dies statt des dort herrschenden Gesamtgasverbrauchs von 14,2 Mill. cbm einen solchen von 33 Mill. cbm pro Jahr. Und wie die Verhältnisse in dieser Stadt liegen, so sind sie vielfach, wie dies die Tabelle VII zeigt, die dem Gasjournal 1908, Heft 25, entnommen wurde.

Diese vermehrte Verwendung des Gases zu Koch- und Heizzwecken hat ihre Ursache in der Annehmlichkeit, in der Handhabung, in der Sauberkeit und Billigkeit des Betriebes. Bei den Heizkörpern ist die Billigkeit allerdings eine relative. Nur wo es sich um vorübergehende Erwärmung eines Raumes handelt, wo die baulichen Zustände eine Zentralheizung nicht gestatten, dürfte die Beheizung durch Gas angebracht sein. Wenn selbst von Gasfachleuten noch immer behauptet wird, daß Schulen wegen ihrer vorübergehenden Benutzung noch heute ein Reservat der Gaswerke sind, so ist dem entgegenzuhalten, daß man in neuerer Zeit fast keine Schule mehr ohne Zentralheizung herstellt und alljährlich eine Anzahl vor Jahren mit Gasheizung versehene Schulen umgebaut werden. Wie die Zahlen im Gesundheitskalender ergeben, ist pro 100 cbm Raum die Gasheizung etwa um 50 % teurer als die Zentralheizung durch Dampf bzw. Warmwasser. Führt man den Vergleich an Hand der aufgewendeten Wärmeeinheiten durch, so verschiebt sich das Resultat noch mehr zu Ungunsten der Gasheizung. Die neueren Zentralheizungen haben einen Nutzeffekt von etwa 50 %, die neueren Gasöfen einen solchen von 90 %. Nehmen wir der Einfachheit halber die Wärmemenge von 1 kg Kohle gleich jener von einem cbm Gas und setzen für Kohlen einen Preis von 2 Pf. pro kg und für Gas einen solchen von 10 Pf. pro cbm ein, so ergibt sich ein Verhältnis von

$$\frac{2}{0{,}5} = \frac{10}{0{,}9},$$

also etwa 2,5 mal teurer kommt die Gasheizung als die Zentralheizung. Bei der Beheizung einzelner Räume tritt allerdings eine wesentliche Verschiebung zu Gunsten der Gasheizung ein, namentlich, sobald man es mit den üblichen eisernen Ofenkonstruktionen zu tun hat, die sehr schlecht die Wärme ausnutzen. Ihnen gegenüber kann unter Umständen die an sich teuere Gasheizung sogar wirtschaftliche Vorteile bieten. Dadurch erklärt sich auch jene eigentümliche Erscheinung der Kirchenheizung mittels Gas, die selbst in unseren Tagen noch vielfach neu zur Anwendung gelangt.

Im Gegensatz zu dieser nur relativen Billigkeit des Gases zu Heizzwecken steht seine Verwendung zu Kochzwecken, die nicht bloß relative, sondern sogar absolute Ersparnisse gegenüber jedem anderen Brennmaterial bietet. Gasrechnungen von M. 5 bis 6 pro Monat für eine aus fünf Köpfen bestehende Familie gehören zum Durchschnitt.

Während dieser Absatz an Koch- und Heizgas die oberen und mittleren Schichten der Bevölkerung betrifft, die schon lange zu den Konsumenten der Gaswerke zählten, sehen wir seit ungefähr zehn Jahren Bestrebungen sich bilden, auch den Minderbemittelten die Wohltaten des Gasbezuges zu ermöglichen. Fast will es scheinen, als wenn das Handeln der Gaswerke hier mit einem Tropfen sozialen Öls getränkt wäre. Das Gegenteil soll nicht bestritten werden; wir haben indessen die Gaswerke als nüchterne Geschäftsleute kennen gelernt, die auf ihren Vorteil bedacht sind. Daß bei der Werbung um die Minderbemittelten zu Gaskonsumenten ungeheure Vorteile zu holen waren, zeigt ein Blick auf den Petroleumkonsum Deutschlands. In Berlin allein beträgt nach den Berichten der Ältesten der Kaufmannschaft die Ausgabe für Petroleum 16 Mill. Mark pro Jahr, von denen der weitaus größte Teil von den unteren Bevölkerungsschichten aufgebracht wird. Nachdem die technische Entwicklung der Produktion, der Verteilung und Ausnutzung des Gases jene Vollkommenheit erfahren hatte, die wir als die höheren Betriebsformen bezeichnet haben, nachdem die Einführung des Münzgasmessers das Verrechnungsgeschäft bedeutend vereinfacht hatte, konnte man mit guter Aussicht auf Erfolg an die Bewirtschaftung dieses Gebietes herangehen. Von einigen Städten muß gesagt werden, daß sie mit großer Energie zu ihrem eigenen Vorteil und zum Wohle der unteren Bevölkerungsschichten dies betrieben haben. In Berlin betrug am 1. April v. Js. die Zahl der an das Rohrnetz der städtischen Gaswerke angeschlossenen Münzgasmesser rund 40000, und die durch sie abgegebene Gasmenge belief sich für das Geschäftsjahr 1907/08 auf 16 Mill. cbm; also ungefähr die Gesamtgasabgabe, welche Städte wie Königsberg, Magdeburg etc. haben, wurde in Berlin durch Münzgasmesser abgegeben. Diese Zahlen gewinnen indessen erst an Bedeutung, wenn man berücksichtigt, daß die städtischen Werke etwa $^{2}/_{3}$ des Weichbildes Berlins versorgen, daß gerade im Zentrum, im Süden und in den Vororten Berlins, wo ein äußerst fruchtbares Feld für die Münzgasmesser ist, die englische Gasgesellschaft herrscht.

Diesen großen Erfolg verdanken die städtischen Werke in Berlin aber auch ihrem weitgehenden Entgegenkommen. Bei einem Einheitspreise von 15 Pf. pro cbm (625 l für 10 Pf.) werden dem Konsumenten außer der kostenfreien Stellung des Gasmessers und der kostenfreien Legung der Rohrleitung ein Dreilochkocher und sämtliche Beleuchtungskörper betriebsfertig für die Dauer der Benutzung übergeben. Dem Mieter wird nur die eine Verpflichtung auferlegt, monatlich 25 cbm zu verbrauchen. Für jedes innerhalb eines Jahres weniger als 300 cbm verbrauchtes cbm Gas ist eine Nachzahlung von 3 Pf. zu zahlen. Nach den bisherigen Erfahrungen sind Nachzahlungen für Minderverbrauch höchst selten. Durchschnittlich beträgt der Jahreskonsum pro Münzgasmesser etwa 400 cbm. Während die Zunahme des Gasverbrauchs durch Münzgasmesser im letzten Betriebsjahr um 20% stieg, war die Zunahme des durch gewöhnliche Gasmesser abgegebenen Gases nur 6,8%. Unter den neu angeschlossenen 23500 Gasmessern im Jahre 1907/08 befanden sich allein 5750 Münzgasmesser, also jeder vierte neugewonnene Konsument bekam einen Münzgasmesser. In erster Linie sind es die minderbemittelten Bevölkerungsschichten, namentlich die kleinen Gewerbetreibenden, die in immer steigendem Maße von der Erleichterung des Gasbezuges durch Münzgasmesser Gebrauch machen. Aber auch noch aus einem anderen Grunde sind die Münzgasmesseranlagen von besonderem Wert, »durch die Automaten ist den weitesten Kreisen der Bevölkerung Gelegenheit gegeben worden, sich mit den Vorteilen der Gasbenutzung in bequemer Weise bekannt zu machen. Ein großer Teil der Automatgasabnehmer ist dann auch, nachdem er die Vorteile der Gasbeleuchtung erkannt hat, zur Gasentnahme durch gewöhnliche Gasmesser übergegangen. Die Automatgasmesser bilden somit jetzt für einen Teil der Bevölkerung gewissermaßen ein Übergangsstadium zur Benutzung des Gases durch gewöhnliche Gasmesser.« (Schimming, Gasj. 1909, S. 36).

Die Abrechnung der Münzgasmesser geschieht monatlich. Das Berliner System der Abrechnung zeigt den anderwärts angewandten gegenüber sowohl hinsichtlich der Kosten, wie auch in bezug auf die Übersicht und die Kontrolle überlegen zu sein. In Berlin hat jeder Automat zwei verschließbare Geldkästen, von denen einer sich im Automaten, der andere im Büro der Werke befindet. Monatlich wird die Auswechslung der Geldkästen durch zwei Arbeiter, die zugleich den Stand der Gasuhr zu notieren haben, vorgenommen. Die gefüllten Kästen werden mittags und abends von den Arbeitern den Revierinspektionen übergeben, wo ihre Entleerung und Verrechnung durch einen Beamten erfolgt.

In Berlin sind bisher nur Automaten für Geldstücke im Werte von 10 Pf. zur Anwendung gelangt, weil es in Berlin in erster Linie darauf ankam, die unteren Schichten der Bevölkerung als Abnehmer zu gewinnen. Doch auch für die großen Konsumenten kann der Münzgasmesser von Bedeutung werden. Schon der Umstand, daß durch ihn die Hinterlegung der Gaskaution, die bei Geschäftsleuten in der Regel, bei Privatleuten, deren Ruf nicht gerade der beste ist, vielfach gefordert wird, weist auf den Automaten hin; auch die monatlichen und vierteljährlichen Gasrechnungen, die stets zu hoch erscheinen und dauernd den Zankapfel zwischen den Gaswerksbeamten und den Hausfrauen bilden, veranlassen manchen Bessergestellten, zum Automaten zu greifen, wo durch die Vorausbezahlung in kleinen Beträgen die Auslagen für Gas weniger unangenehm empfunden werden. Münzgasmesser bis zu 50 Flammen mit Markeinwurf sind schon im Betriebe. Natürlich liefern sie das Kubikmeter Gas ohne Aufschlag, weil in solchen Fällen in den Wohnungen die Gasanlagen vollständig vorhanden sind und es der Gasanstalt gleich sein kann, ob sie einen Gasmesser oder einen Münzgasmesser — für beide erhält sie Miete — aufstellt. Nach den Erfahrungen, die in Königsberg gemacht sind, scheint die Verrechnung der Gelder durch den Automaten sich bedeutend einfacher zu gestalten, als dies bisher durch Ausstellen der Gasrechnung geschieht. Die Einziehungskosten sollen gerade die Hälfte der früheren betragen, und es wird festgestellt, daß im Gegensatz zu den englischen Gepflogenheiten — Berliner System — der wirtschaftliche Wert der Automaten in der Zahlungsmethode liegt.

Das ist durchaus einleuchtend, machen doch schon die Zinsen infolge der schnelleren Abwicklung des Verrechnungsgeschäftes bedeutende Summen aus. Für die Berliner städtischen Werke, mit einem gegen Entgelt abgegebenen Gaskonsum von etwa 250 Mill. cbm, erreicht das Verrechnungsgeschäft die respektable Höhe von etwa 30 Mill. Mark. Nimmt man an, für die monatlichen Abrechnungen vom Tage der Standaufnahme bis Einkassierung der Gelder vergehen zwei Monate — in Wirklichkeit ist die durchschnittliche Zeit noch länger, weil viele Abrechnungen vierteljährlich erfolgen —, so beträgt allein der Zinsverlust bei 5 % 30 000 000 · 5 : 100 · 2/12 = M. 250 000 pro Jahr. Diesen Verlust werden sich die Gaswerke nicht dauernd entgehen lassen können, um so mehr, als die Einführung der Münzgasmesser das bisherige Verrechnungsgeschäft immer mehr dezentralisiert, und der Zeitpunkt ist nicht fern, wo die Großstädte dazu übergehen werden, das gesamte Verrechnungsgeschäft in den Revierinspektionen vollziehen zu lassen.

Konnten wir bisher den Gaswerken das Zeugnis ausstellen, daß sie als nüchtern denkende Kaufleute verborgen liegende Bedürfnisse aufdeckten, daß sie als geniale Techniker die Befriedigung und als smarte Geschäftsleute die vorteilhafte Ausnutzung dieser Bedürfnisse durchführten, so gilt dies nicht in bezug auf die Kraftgasfrage. Und doch ist der Konsum an Kraftgas für die Rentabilität des Gaswerkes von gleichgroßer Bedeutung wie der des Kochgases, weil der Hauptkonsum zeitlich weder mit der größten Entnahme an Leucht- noch Kochgas zusammen fällt. Wir haben aus dem gesteigerten Kochgaskonsum ein zweites Maximum im Belastungsdiagramm des Werkes erhalten; wir erkennen jetzt, daß wir im Kraftgaskonsum das Mittel in der Hand hatten und noch haben, ein drittes Maximum zu schaffen und so immer mehr die Schwankungen, sowohl auf den Tag wie das Jahr bezogen, zum Ausglich zu bringen. An ernsthaften Mahnungen zu einer vernünftigen Tarifpolitik hat es nicht gefehlt, doch scheint man erst in neuerer Zeit diesen seitens der Gaswerke Beachtung zu schenken. Wir können feststellen, daß dem Gase zu Kraftzwecken sowohl in Städten, wo der Einheitspreis besteht, wie auch in jenen, die getrennte Preise für Koch- und Leuchtgas fordern, besondere Vergünstigungen gewährt werden. Wenn trotz der früheren Nichtachtung der Kraftgasfrage der Anschlußwert aller seinerzeit an die Gaszentralen angeschlossenen Gasmotoren im Jahre 1900 auf Grund einer Privatumfrage 110 000 PS betrug und heute sich auf 175 000 bis 180 000 PS beläuft, so erhellt daraus, daß der Gasmotor trotz der großen Konkurrenz, die ihm Elektromotoren, deren Anschlußwert zurzeit 900 000 PS und Sauggasmotoren, die zurzeit etwa 400 000 PS betragen, gemacht haben, keine Einbuße, sondern sogar eine erheblich vermehrte Anwendung gefunden hat. Nach den statistischen Zusammenstellungen des Vereins der Gas- und Wasserfachmänner (Gasj. 1908) ist das Ergebnis von 155 deutschen Städten:

1896/97 . . .	11 687	Motoren	mit	48 180 PS
1901/02 . . .	13 616	„	„	71 693 „
1906/07 . . .	12 812	„	„	75 885 „

In diesen Städten, deren Jahresleistung nicht ganz $^1/_3$ von der Gesamtleistung der deutschen Gaszentralen ausmacht, ist also die Zahl der Motoren in der ersten Hälfte des letzten Jahrzehnts um 2000 gestiegen, in der zweiten Hälfte um 800 zurückgegangen; der Anschlußwert hat fortwährend zugenommen, im ganzen um 27 777 PS oder 58 %.

Die Zahlen zeigen deutlich, daß eine große Anzahl kleiner Gasmotoren durch den Elektromotor verdrängt wurde, daß indessen viele Gasmotoren mit mittleren und größeren Anschlußwerten neu zur Aufstellung kamen. Es läßt sich hieraus zweifellos ableiten, daß für die mittleren und größeren Einheiten der Gasmotor erheblich billiger arbeitet als der elektrische Motor.

Wenngleich auch nicht anzunehmen ist, daß nach den erheblichen Verbesserungen eine Rückwärtsbewegung eintritt, d. h. der Gasmotor dort wieder zur Einführung gelangt, wo er vor 10 bis 15 Jahren durch den Elektromotor verdrängt wurde, so darf doch als feststehend angenommen werden, daß für neu zu errichtende Werkstätten nun der Gasmotor wieder mehr als Antriebskraft in Frage kommt. Jetzt ist auch der Augenblick für den Gasmotor gekommen, die großen Hoffnungen, die bei seinem Aufkommen an ihn für die Lösung der sozialen Frage geknüpft wurden, zu realisieren. Vor fast 30 Jahren schreibt Slaby (V. D. I. 1880, S. 496):

»Sobald dem Handwerk die Quellen billiger mechanischer Triebkraft zufließen, wird es mit seinen Erzeugnissen denen der Großindustrie erfolgreiche Konkurrenz machen, wird diese sogar in vielen Fällen überflügeln können.« Und das von Werner v. Siemens geprägte Wort, »der Dampf hat zentralisierend gewirkt, die Elektrizität wird dezentralisieren«, wird nun in noch höherem Maße bezüglich des Gases gelten. Die nächsten Jahre werden zeigen, ob die Entwicklung wirklich den Weg geht, den diese Autoritäten vorausgesagt haben. Nach den bisherigen Erfahrungen dürfen wir indessen schließen, daß dies nicht der Fall sein wird, daß die Rolle, die der Motor in der Produktion spielt, vollständig verkannt wurde. Beweisführend mag hier gelten, daß die in erster Linie Sachverständigen, die kleinen Gewerbetreibenden ganz andere Forderungen erheben, daß die Bestrebungen fast aller Handwerkerorganisationen immer den Ruf nach wirtschaftlichem Zusammenschluß für den Einkauf der Rohprodukte und den Absatz der Fertigware, nach Sicherung der Forderungen erheben, fast nie indessen die

Schaffung billiger Betriebskraft gefordert haben. Ganz richtig erkennt der Kleingewerbetreibende, daß es in erster Linie die kapitalistische Überlegenheit des Großbetriebes ist, die sich in einer weitgehenden Arbeitsteilung in der Produktion, in einem nach kaufmännischen Grundsätzen organisierten Einkauf der Rohprodukte und Verkauf der Fertigware äußert, die ihm jede Möglichkeit nimmt, Aufträge zu bekommen. Was nützt dem kleinen Mann der billige Motor, die billige Betriebskraft, wenn ihm die Kapitalien für die Anschaffung der Arbeitsmaschinen und die Betriebsmittel fehlen, die selbst in jenen Industriezweigen, die sich fast nur mit der Montage der von den einzelnen Spezialfirmen bezogenen Apparate befassen, einen nicht unbedeutenden Umfang annehmen. Ebensowenig wie der Gasmotor und der Elektromotor bisher, etwa 40 % der von den deutschen Gaswerken gespeisten Gasmotoren dienen dem Kleingewerbe, bei den Elektromotoren ist der Prozentsatz noch etwas größer, die Erhaltung und Kräftigung des Kleingewerbes bewirken konnte, ebensowenig dürfte dem so vollkommenen Gasmotor von heute dies in Zukunft aus den angeführten Gründen beschieden sein. Nicht eine Hebung des selbständigen Handwerkes bedeutet übrigens die Schaffung der billigen Betriebskraft, sondern die Stärkung der abhängigen Heimarbeit wird in viel größerem Maße als bisher die Folge sein. Allerdings bedeutet die Einführung des Motors eine starke Steigerung der Produktivität der Arbeit. In der Weberei konnte festgestellt werden, daß mit der Einführung des Motors die Leistung eines einzigen Stuhles um 25 % stieg. Was von der Weberei gilt, kann auf alle Industriezweige, in denen eine geringe Anzahl von Arbeitsmaschinen den Rohstoff in die Fertigware verwandelt, angewendet werden, so in der Uhren-, Zigarren-, Wäschefabrikation usw. Neben dem Elektromotor wird für dies Gebiet in Zukunft der Kleingasmotor in Frage kommen, der manche Vorzüge des Elektromotors neben dem billigen Betrieb in sich vereinigt, und es ist durchaus wünschenswert, daß jene ungesunden Verhältnisse, wie sie in den kleinen Ortschaften St. Imier, St. Goule in der Schweiz, Schmalkalden i. Thür. u. a. bestehen, sich nicht wiederholen, wo nur dem Gaswerk die Lieferung von Kochgas, dem Elektrizitätswerk die Lieferung des Lichtes und der Kraft vertraglich zugestanden wird. In solchen kleinen Städten von etwas mehr als 5000 Einwohnern, wo das Gaswerk allen Ansprüchen zu genügen vermag, bedeutet dieser Dualismus volkswirtschaftlich eine Verschwendung.

Würden diese Fälle nur vereinzelt auftreten, so könnte man sich mit dem Gesagten begnügen. Die Statistik der Elektrizitätswerke

Deutschlands weist indessen 1294 Städte mit weniger als 5000 Einwohnern nach, in denen sich Elektrizitätswerke befinden; aus der letzten Statistik der Gaswerke geht hervor, daß Mitte der 90er Jahre in etwa 800 Städten Gaswerke bestehen, und aus den Listen der Berufsgenossenschaft haben wir ermittelt, daß zurzeit über 1200 Gaswerke zur Versorgung von Städten vorhanden sind. Wir haben bereits festgestellt, daß Mitte der 90er Jahre alle Städte mit mehr als 10 000 Einwohnern im Besitze von Gaswerken waren. Bei der Zunahme der Werke um 400 kann es sich also nur um Städte mit weniger als 10 000 Einwohnern handeln. Diese Annahme findet ihre Bestätigung in den Neuanlagen der beiden Hauptunternehmungen, die sich mit dem Bau von Gasanstalten beschäftigen. Die Firma Karl Francke, Bremen, erbaute:

8	komplette	Gaswerke	1897
16	„	„	1898
17	„	„	1899
8	„	„	1900
11	„	„	1901
20	„	„	1902
21	„	„	1903
20	„	„	1904
29	„	„	1905
30	„	„	1906
25	„	„	1907
215	Werke		

und die Berlin-Anhaltischen Maschinenbau-A.-G. in dem gleichen Zeitraum etwa 175 Werke, die sich auf die einzelnen Jahre, ungefähr den Franckeschen Werken entsprechend, verteilen.

Die höheren Betriebsformen der Gasanstalt, soweit sie hier behandelt sind, bezogen sich vorwiegend auf den Ausbau und den Betrieb vorhandener Werke, von denen die meisten in städtischem Besitz waren und deren Existenzfähigkeit und Existenzberechtigung durch ihre fast 100jährige Entwicklung dargetan wird.

In diesen neuen Werken, die in kleinen und kleinsten Städten ihre Tätigkeit entfalten, tritt uns ein ganz neuer Typ entgegen. Natürlich lassen sich die höheren Betriebsformen auf sie sinngemäß anwenden; wo sie indessen als Einzelwerke, nicht als Gruppenwerke betrieben werden, ist in der Produktion der Handbetrieb der übliche. Bei der geringen Produktion bilden die Kosten für Tilgung und Verzinsung des Anlagekapitals einen integrierenden Teil der Ausgaben, und schon beim Projekt der Anlage ist deshalb auf möglichst geringen Kapitalaufwand zu achten. Nur das Allernötigste an Einrichtungen darf genommen werden, die teueren mechanischen Beschickungs- und Entladevorrichtungen, die Wassergasanlagen etc. kommen für solch kleine Werke gar nicht in Frage. Das ist auch durchaus unnötig, wenn wir berücksichtigen, daß zwei Arbeiter nicht nur den ganzen Werkbetrieb bequem erledigen können, sondern nebenbei auch noch in der Lage sind, in der Stadt Installationen auszuführen.

Es ist einleuchtend, daß die kleinen Landstädte mit ihrer fast durchweg von der Landwirtschaft lebenden Bevölkerung sich nicht berufen fühlten, einen Betrieb, der von den ersten Tagen an ein rationelles Arbeiten erfordert, auf eigene Kosten zu übernehmen. Und wie in der Mitte des vorigen Jahrhunderts das Privatkapital in Gaswerksbauten der Großstädte angelegt wurde, so haben wir jetzt seine stärkere Inanspruchnahme für Gasanstalten der Kleinstädte zu verzeichnen. Zurzeit befinden sich Gaswerke zur Versorgung deutscher Städte in den Händen folgender Gesellschaften:

<table>
<tr><td></td><td>*10</td><td>Imperial Continental Gas Association, London.</td></tr>
<tr><td></td><td>*16</td><td>Deutsche Kontinental-Gasgesellschaft, Dessau.</td></tr>
<tr><td></td><td>*15</td><td>Allgemeine Gasaktiengesellschaft, Magdeburg.</td></tr>
<tr><td></td><td>*32</td><td>Thüringer Gasgesellschaft, Leipzig.</td></tr>
<tr><td></td><td>*16</td><td>Neue Gas-Aktiengesellschaft, Berlin.</td></tr>
<tr><td></td><td>*23</td><td>Akt.-Ges. für Gas- und Elektrizität, Köln.</td></tr>
<tr><td></td><td>*3</td><td>Vereinigte Gaswerke, Augsburg.</td></tr>
<tr><td></td><td>*5</td><td>Gesellschaft für Gasindustrie, Augsburg.</td></tr>
<tr><td rowspan="3">Karl Francke, Bremen</td><td>48</td><td>Zentralverwaltung von Gas-, Wasser- und Elektrizitätswerken, Bremen.</td></tr>
<tr><td>52</td><td>" " " " " " "</td></tr>
<tr><td>9</td><td>Pachtgesellschaft " " " " " "</td></tr>
<tr><td>Berl.-Anh. Maschinenbau-A.G.</td><td>36</td><td>Gasanstaltsbetriebsgesellschaft, G. m. b. H., Berlin.</td></tr>
<tr><td></td><td>11</td><td>Akt.-Ges. für Gas- und Elektrizitätsanlagen, Berlin.</td></tr>
<tr><td></td><td>4</td><td>Aug. Klönne, Dortmund.</td></tr>
<tr><td></td><td>2</td><td>Jul. Pintsch, Berlin.</td></tr>
<tr><td></td><td>2</td><td>Emil Palmer, Ratzeburg.</td></tr>
<tr><td></td><td>2</td><td>R. u. A. Hengstenberg, Birkenwerder.</td></tr>
</table>

Nur die mit einem Stern bezeichneten Gesellschaften bestehen schon längere Zeit, die übrigen mit mehr als 200 Werken sind in den letzten Jahren entstanden. Die bedeutendsten dieser neuen Unternehmungen sind die der Firma Francke, Bremen, und der Berl.-Anh. Maschinenbau-A.-G., sowohl der Zahl der Werke nach als auch in

Bezug auf die Organisation der Verwaltung. Die Gasanstalts-Betriebsgesellschaft G. m. b. H., wurde 1903 von den Firmen

Berlin-Anhaltische Maschinenbau-A.-G.,
Stettiner Schamottefabrik,
Gasmesserfabrik Kromschröder,
Deutsche Gasglühlicht-Aktiengesellschaft,
Caesar Wollheim, Kohlengroßhandlung,

gegründet. Die Erbauer der Gasanstalten sind zugleich Kommanditisten der Gasanstalts-Betriebsgesellschaft; es liegt daher im eigensten Interesse der Baufirmen, durch gute und sachgemäße Bauausführung dafür Sorge zu tragen, daß die Gasanstalten in allen ihren Teilen von vornherein rentabel, betriebssicher und solid gestaltet werden; es liegt weiter im Interesse der Gasmesserfabrik, der Gasglühlichtgesellschaft und der Kohlengroßhandlung, daß die Verwaltung der Werke unausgesetzt bemüht bleibt, den Konsum zu steigern, um immer mehr ein dauerndes Absatzgebiet dieser Firmen zu werden. Diese Zusammensetzung der Kommanditisten scheint Garantien zu bieten, daß der Bau des Werkes, obgleich die Stadt Inhaberin und Geldgeber des Werkes ist, nicht Endzweck der bauenden Firmen wird, wie dies in manchen Industrien Brauch ist, wo aus der Gründung eines Unternehmens ein einmaliger, aber guter Gewinn gezogen wird und dann das Losschlagen in fremde Hände vor sich geht.

Die Verträge, welche die Gasanstalt-Betriebsgesellschaft mit den jeweiligen Städten schließt, enthalten im großen und ganzen die folgenden Bedingungen:

1. Die Betriebsgesellschaft verzinst der Stadt das von dieser aufgewendete Kapital und zahlt außerdem eine Amortisationsquote; diese ist so zu bemessen, daß sie nach einem aufzustellenden Tilgungsplan ausreicht, nach Ablauf des Pachtvertrages die Gasanstalt vollständig amortisiert übergeben zu können. Es genügen in den meisten Fällen 30 Jahre hierzu.

2. Es steht jedoch der Stadt jederzeit das Recht nach einer entsprechend festzusetzenden Kündigungszeit zu, die Gasanstalt in eigene Verwaltung zu übernehmen. Sie wird dies, wie das die Beispiele der von der Betriebsgesellschaft bewirtschafteten Gasanstalten in Zoppot, Bolkenhain, Hohensalza, Fürstenberg, Neustadt u. a. beweisen, meist schon nach kurzer Zeit tun, nachdem sie sich überzeugt hat, daß die Gasanstalt einen Überschuß über die Zins- und Amortisationsbeträge hinaus abwirft.

3. Die Stadt wird jedoch, wenn in den ersten Jahren der Bruttogewinn nicht zur Tilgung der Zins- und Amortisationsquoten ausgereicht hat, also wenn seitens der Gasanstalts-Betriebsgesellschaft Zu-

schüsse zum Pachtzins haben gezahlt werden müssen, die Anstalt erst dann in eigenen Betrieb übernehmen, wenn diese Zuschüsse durch Betriebsüberschüsse späterer Jahre gedeckt sind. In diesem Fall kann die Stadt um so mehr darauf rechnen, in eigener Verwaltung auch ihrerseits Überschüsse zu erzielen, als bereits der Nachweis für die steigende Rentabilität des Werkes erbracht ist.

4. Die Stadt kann jedoch auch die Verwaltung übernehmen, falls die Mindererträge noch nicht durch die Überschüsse späterer Jahre gedeckt sind. In solchen Übernahmefällen hat die Stadt der Gasanstalts-Betriebsgesellschaft die Differenz zwischen dem erzielten Ertrag und den gezahlten Zins- und Amortisationsbeträgen zurückzuvergüten.

Danach übernimmt die Stadt die Gasanstalt in eigene Verwaltung erst, wenn sie sich aus den Büchern, die für jedes Werk ganz für sich getrennt geführt werden, überzeugt hat, daß die Anstalt eine Rente abwirft. Somit ist, da während der Zwischenzeit Zinsen und Amortisation der Stadt vergütet werden, für die Stadt jedes Risiko ausgeschlossen. Sollte sich die Gasanstalt wider Erwarten innerhalb der Pachtzeit nicht rentieren, so ist doch nach Ablauf der Pachtzeit die Gasanstalt amortisiert und geht kostenfrei in den Besitz der Stadt über.

Abgesehen davon, daß die Städte kein Risiko bezüglich eines etwaigen Verlustes eingehen, übernehmen sie zu dem geeigneten Zeitpunkt einen durchaus sachgemäß eingerichteten Betrieb, bei welchem die Erfahrungen der Gasanstalts-Betriebsgesellschaft nutzbringend verwertet sind und bei welchem das Personal entsprechend geschult ist. Dadurch, daß die Gasanstalts-Betriebsgesellschaft über den Betrieb ihrer Anstalten sachgemäße Bücher nach bewährtem System führt und den damit beauftragten städtischen Beamten jederzeit die Kontrolle der Buchführung zusteht, werden diese städtischen Beamten auf die denkbar einfachste Weise mit dem Betrieb selbst wie mit der Buchführung vertraut gemacht, so daß sie später bei der eigenen Leitung des Betriebes keine Schwierigkeit haben. Der Betriebsgesellschaft ist es insbesondere möglich, durch ihre Erfahrungen die leistungsfähigsten Lieferanten für Kohle, Reinigungsmasse, Installationsmaterial, Beleuchtungs- und Glühkörper zu wählen und bei diesen die niedrigsten Preise deswegen zu erzielen, weil sie den Einkauf gleichzeitig für eine große Reihe von Werken besorgt. Es ist eine stille Abmachung, daß diese Vergünstigungen auch dann weiter bestehen, wenn das Werk in die städtische Verwaltung übergegangen ist. Das Zentralbureau der Betriebsgesellschaften, das neben der Buchführung eine ständige Kontrolle des Betriebes ausübt, achtet insbesondere auf eine günstige Ausbeute an Gas und Koks aus den Steinkohlen. Es wird dafür gesorgt, durch die Anfertigung der monatlichen Betriebsberichte, deren Aufstellung auf Grund von Tages- und Wochenberichten des Gasmeisters erfolgt, daß die Unterfeuerung der Retortenöfen, die Verluste im Rohrnetz, der Selbstverbrauch an Gas, Glühkörper etc. möglichst gering werden. Durch Fachingenieure erfolgt von Zeit zu Zeit die Revision des Werkes, wobei das Übereinstimmen der Vorräte mit den in der Zentrale geführten Büchern, die ausgeführten Installationsarbeiten, die sachgemäße Behandlung der Öfen und Apparate der Anstalt untersucht werden. Die Schulung des Gasmeisters, die durch diese Kontrolle erzielt wird, kommt den Werken bei späterer Übernahme des Betriebes in eigene Verwaltung unbedingt zugute. Um zu zeigen, daß die Betriebsgesellschaft kein Unternehmen ist, das es auf hohe Gewinne abgesehen hat, mag noch angeführt werden, daß seitens der Städte irgendwelche Wertabgaben für die sachgemäße Überführung der Anstalt in die städt. Verwaltung nicht zu leisten sind, daß die Betriebsgesellschaft sich bereit erklärt, auch nach Abgabe des Werkes eine ständige Kontrolle gegen einen geringen Entschädigungssatz auszuüben und der Stadtverwaltung durch sachverständige Ingenieure zur Seite zu stehen.

Man muß dieses Geschäftsgebahren als durchaus loyal bezeichnen. Der einzige Gewinn, der den Kommanditisten der Betriebsgesellschaft winkt, ist der, den sie beim Bau des Werkes erzielen, und jener, der ihnen durch Werbung eines Kundenkreises für den Absatz an Kohlen, Beleuchtungsgegenständen und Glühkörpern und eventuell eintretenden Erweiterungsbauten zufällt. Daß jedoch auch diese stets in den üblichen Grenzen bleiben, dafür sorgt schon die Konkurrenz. Wir können wohl sagen, daß in harmonischer Weise das Interesse der Kommanditisten der Betriebsgesellschaft mit dem Interesse der Kleinstädte verbunden wird, welche sich auf eine bequemere und angenehmere Weise in den Besitz einer Beleuchtungszentrale setzen, als dies sonst der Fall wäre.

Zum Beweise, daß diese Ausführungen auch realen Boden haben, mag nebenstehende Tabelle VIII dienen über die von der Betriebsgesellschaft verwalteten Werke, die am 1. April 1909 länger als ein Jahr im Betriebe waren. Zu den angeführten Zahlen sei erläuternd bemerkt, daß sich unter den Betriebsausgaben reichliche Rückstellungen für Erneuerungen der Öfen, Werkzeuge, Laternen etc. befinden. Bei Feststellung der Bruttoüberschüsse ist eine Trennung nach den Überschüssen aus dem Werkbetrieb und den Installationen gemacht. In den ersten Jahren der Entwicklung sind die Überschüsse aus dem Werkbetrieb naturgemäß gering, weil gerade in den Kleinstädten mit ihrer kon-

Tabelle VIII.

	Stadt	Einwohnerzahl	Anlagekapital in M.	Jahreskonsum in cbm im ganzen	Jahreskonsum in cbm pro Kopf der Bevölkerung	Gaspreise pro cbm in Pf Leuchtgas	Gaspreise pro cbm in Pf Kochgas	Betriebseinnahmen	Betriebsausgaben	Bruttoüberschuß Gasanstaltsbetrieb	Bruttoüberschuß Installation	Bruttoüberschuß in % d Anlagekapitals	Kosten der Werksverwaltung außer Arbeitslöhnen Lokalverwaltung	Kosten der Werksverwaltung außer Arbeitslöhnen Zentralverwaltung	Betriebsjahr
1	Schwaan	4 089	131 860	109 496	26	20	16	26 729	17 736	8 993	1205	7,75	1390	1625	6
2	Doberau	5 200	210 257	202 263	39	20	15	53 123	31 554	21 569	3729	12,00	1998	2988	5
3	Tessin	2 873	113 795	88 388	30	20	15	21 030	15 334	5 696	1916	6,70	1250	1305	5
4	Criwitz	2 856	115 136	93 049	33	20	15	22 389	16 142	6 247	1186	6,70	1650	1383	5
5	Helbrac	17 445	293 956	121 331	7	20	15	36 601	24 160	12 441		4,20	—	1133	5
6	Lausigk	3 676	193 584	137 988	38	20	15	34 601	25 981	7 620	1025	4,50	1498	2000	4
7	Oberwiesenthal . .	1 843	108 083	48 597	26	22	16	12 825	10 155	6 670	1262	3,80	1420	710	4
8	Hohen-Neuendorf .	2 250	211 960	154 642	74	20	15	37 945	31 041	6 904	3884	5,20	2025	2288	3
9	Dargun	2 300	122 855	62 571	27	20	16	15 646	12 374	3 272	1687	4,05	1200	927	3
10	Frohburg	3 620	193 230	106 317	29	20	15	25 855	18 777	7 078	1311	4,35	1500	1564	3
11	Podejuch	5 831	184 742	113 215	19	20	15	26 609	21 691	4 912	3260	4,40	1993	1575	3
12	Liebemühl	2 514	92 545	54 663	22	23	16	13 760	13 545	215	1139	1,47	1250	775	2
13	Glashütte	2 650	203 863	127 118	48	20	15	27 614	23 621	3 993	4189	4,00	1605	1847	2
14	Stein	2 300	113 556	91 906	40	22	16	22 995	17 351	5 644	1647	6,40	1727	1360	2
15	Penzig	6 800	275 000	258 903	40	20	16	51 582	37 370	14 212	7347	7,85	1837	3051	2
16	Moys	2 450	126 043	66 643	27	20	16	14 524	12 356	2 168	3541	4,50	1300	907	1
17	Lubthen	4 325	154 485	116 574	27	18	15	28 704	22 159	6545		4,25	1600	1723	4

servativen Bevölkerung eine Unmenge von Vorurteilen zu überwinden sind. Der Ausfall, der hierdurch entsteht, wird indessen mehr als ausgeglichen durch den Gewinn, der aus der Anfertigung der Hausinstallationen, dem Verkauf der Beleuchtungskörper, Kocher etc. gezogen wird. In den meisten Fällen beträgt der Konsum in den ersten Jahren über 20 cbm pro Kopf der Bevölkerung, doch läßt er sich auf 70 bis 100 cbm auch in den ländlichen Bezirken sehr gut durch geeignete Maßnahmen steigern.

Die Kosten der Werksverwaltung setzen sich aus jenen der Lokalverwaltung — Gehalt und Barauslagen für den Betriebsleiter, der außerdem freie Wohnung, Licht und Feuerung erhält — und jenen der Zentralverwaltung, deren Gegenleistungen bereits vorhin erläutert sind, zusammen. Als Bruttoüberschuß ist jene Summe aufzufassen, die für Verzinsung und Tilgung des Anlage- und Betriebskapitals übrigbleibt. Bei der Aufstellung des Tilgungsprogramms ist klarzustellen, ob sich die Abschreibung auf den Anschaffungswert oder den jeweiligen Buchwert bezieht. Außerordentlich verbreitet ist, als Abschreibung einen gleichbleibenden Vomhundertsatz auf den jeweiligen Buchwert zu benutzen. Welche großen Fehler dabei gemacht werden, läßt sich leicht berechnen. Werden z. B. 3 % des Buchwertes statt des Anschaffungswertes alljährlich abgesetzt, so ist die Anlage nach 30 Jahren nicht auf 10 %, sondern erst etwa auf 40 % des Anlagekapitals abgeschrieben. Nur ein stetig wachsender Vomhundertsatz des jeweiligen Buchwertes als jährliche Abschreibung würde dem gleichbleibenden Vomhundertsatz des Anschaffungswertes entsprechen. Dies führt indessen zu einer sehr umständlichen Rechnung, und Schiff macht deshalb den Vorschlag (E. T. Z. 1906, S. 501), von vornherein eine Erhöhung des gleichbleibenden Vomhundertsatzes für den jeweiligen Buchwert durchzuführen, die sich berechnet zu $a = 10\left(1 - \sqrt[n]{\frac{k}{K}}\right)$, worin a der Vomhundertsatz, k der Endwert, K die Anschaffungskosten und n die Zahl der Nutzungsjahre bedeuten. Für den oben erwähnten Fall der Abschreibung auf 10 % des Anlagekapitals innerhalb 30 Jahren erhält man dann statt 3 einen Vomhundertsatz von 3,3 des jeweiligen Buchwertes. Besser den Verhältnissen der kleinen Gaswerke angepaßt scheint indessen die Benutzung eines gleichbleibenden Vomhundertsatzes des Anschaffungswertes unter Berücksichtigung der Zinsen und Zinseszinsen der abgeschriebenen Kapitalien zu sein. Zunächst werden die abgeschriebenen Kapitalien wirklich frei und können wieder werbend angelegt werden, und dann werden die Summen der Abschreibungen in den ersten Jahren der Entwicklung, wo die Überschüsse nicht so bedeutend sind, weniger drückend empfunden. Nach den Grundformeln der Rentenrechnung erhält man die jährliche Abschreibungsquote eines nach n-Jahren erlöschenden Wertes (Konzessionsrecht) in Prozenten $100 \frac{R}{K_n} = 100 \frac{p-1}{p^n-1}$. Hierin bedeutet $p = 1 + \frac{k}{100}$ den Diskontfaktor, R die am Ende jedes Jahres zurückgelegte Summe und K_n den Wert des zurückgelegten Kapitals am Ende des n-ten Jahres einschließlich der alsdann fälligen Zinsen. Aus der untenstehend ausgerechneten Tabelle IX geht hervor, daß bei einer Abschreibungsquote

Tabelle IX.

Abschreibungsquoten.

Zinsfuß k %	Der Wert erlischt in Jahren:															
	5	10	15	20	25	30	35	40	45	50	60	70	75	80	90	100
3,00	18,836	8,723	5,376	3,722	2,867	2,101	1,653	1,326	1,078	0,886	0,613	0,433	0,367	0,311	0,225	0,164
3,25	18,741	8,623	5,278	3,627	2,653	2,018	1,575	1,252	1,010	0,823	0,558	0,387	0,324	0,272	0,193	0,138
3,50	18,648	8,524	5,183	3,536	2,567	1,937	1,499	1,183	0,945	0,763	0,508	0,346	0,286	0,238	0,166	0,115
3,75	18,555	8,426	5,078	3,440	2,483	1,858	1,427	1,115	0,884	0,707	0,462	0,308	0,253	0,208	0,141	0,096
4,00	18,462	8,329	4,993	3,358	2,401	1,783	1,357	1,052	0,826	0,655	0,420	0,274	0,222	0,181	0,120	0,080
4,25	18,370	8,233	4,902	3,272	2,321	1,709	1,290	0,991	0,771	0,606	0,381	0,243	0,196	0,157	0,102	0,067
4,50	18,279	8,137	4,811	3,187	2,243	1,639	1,227	0,934	0,720	0,560	0,345	0,216	0,172	0,137	0,087	0,055
5,00	18,097	7,950	4,634	3,024	2,095	1,461	1,107	0,827	0,626	0,477	0,282	0,169	0,132	0,102	0,062	0,038
5,50	17,197	7,766	4,462	2,868	1,954	1,380	0,997	0,732	0,543	0,406	0,230	0,132	0,101	0,076	0,044	0,026
6,00	17,739	7,586	4,296	2,718	1,822	1,264	0,897	0,646	0,470	0,344	0,187	0,103	0,076	0,057	0,031	0,017

von 1,783 % bei 4 % Zinsen das gesamte Anlagekapital innerhalb 30 Jahren bereits getilgt ist.

Ziehen wir diese Abschreibungsquote von den in Prozent ausgerechneten Bruttoüberschüssen der einzelnen Werke ab, so ersehen wir, daß das in den Gaswerken angelegte Kapital schon nach wenigen Jahren eine gute Verzinsung bringt. Beachten wir indessen, daß die Betriebsgesellschaft ins Leben gerufen wurde, um nicht besonders günstig gelegene Werke rentabel zu gestalten, daß die Stadtverwaltungen sofort das Werk in eigene Verwaltung übernehmen, sobald die eigene Rentabilität nachgewiesen ist, so erscheinen uns die Bruttoüberschüsse der aufgeführten Werke selbst in den ersten Jahren der Entwicklung als durchaus befriedigend. Zu demselben Ergebnis gelangen wir auch, wenn wir die Tabelle X durchsehen, die auf Grund einer Umfrage bei den von der Berl.-Anh. Maschinenbau-Akt.-Ges.

Tabelle X.

	Stadt	Einwohnerzahl	Jahreskonsum in cbm 1907 im ganzen	Jahreskonsum in cbm 1907 pro Kopf der Bevölkerung	Gaspreise pro cbm Kochzwecke Pf.	Gaspreise pro cbm Leuchtzwecke Pf.	Ist ein Reingewinn über Amortisation u. Verzinsung hinaus bereits eingetreten	Ist ein Reingewinn über Amortisation u. Verzinsung hinaus in Zukunft dauernd zu erwarten	Jahreskonsum in cbm Kochgas	Jahreskonsum in cbm Kraftgas
1	Neustadt (Dosse)	1053	106 404	100	16	20	ja	ja	13 404	12 600
2	Barmstedt (Holstein)	4567	213 897	45	14	18	"	"	—	—
3	Zoblitz	2400	87 720	37	16	20	nein	"	—	4 500
4	Jarotschin . . .	5400	180 623	33	16	22	ja	"	30 123	22 178
5	Soldau (Ostpreußen)	4226	205 703	49	15	20	"	"	38 266	—
6	Rosenberg . . .	3200	135 916	42	13	18	"	"	34 851	25 921
7	Coswig	4500	227 812	50	14	20	"	"	44 066	56 259
8	Schlettau . . .	3437	130 350	38	15	20	nein	"	60 000	13 000
9	Dingelstedt. . .	4200	101 881	24	15	20	"	"	—	—
10	Glashütte . . .	2600	109 780	42	15	20	ja	"	48 565	—
11	Frohburg . . .	3822	112 333	30	15	20	nein	"	17 986	—
12	Dargun	2218	49 236	22	16	20	"	"	12 592	—
13	Gnadenfrei . . .	4514	96 371	21	15	20	ja	"	19 665	11 912
14	Wollstein . . .	3400	235 188	70	16	20	"	"	69 754	18 445
15	Oberlind	5000	136 000	27	16	22	"	"	21 000	14 000
16	Znin	4144	191 000	46	14	20	"	"	Einheitspreis	66 481
17	Freystadt . . .	2425	74 169	31	16	20	nein	"	12 963	903
18	Schlawe	6000	312 590	52	14	20	ja	"	71 756	39 315
19	Visselhövede . .	2000	65 000	32	16	22	nein	"	23 026	1 900
20	Hadamar . . .	2500	100 000	40	15	20	"	"	9 000	9 000
21	Canth	3000	124 000	41	16	20	ja	"	31 311	1 500
22	Fraulautern. . .	6100	199 600	33	15	18	"	"	87 600	—
23	Rotenburg . . .	3300	158 056	48	16	20	"	"	30 837	5 633
24	Dinslaken . . .	6900	297 853	43	12	20	"	"	69 300	18 500
25	Magrabowa. . .	5000	269 328	54	15	20	"	"	77 000	35 700
26	Wildungen (Bad)	3714	259 474	70	16	22	"	"	54 409	55 524
27	Barth	8000	300 000	38	13	16	"	"	Einheitspreis	100 000
28	Greifenberg (Schles.)	3415	120 784	36	16	20	"	"	33 908	3 350
29	Friedland (Mecklbg.)	8000	287 281	36	14	18	"	"	91 219	19 249
30	Fürstenberg-Oder	6137	182 533	30	15	20	"	"	50 301	12 876
31	Kirchhain . . .	4469	132 715	30	15	19	"	"	31 662	1 092

Tabelle X (Fortsetzung).

	Stadt	Einwohnerzahl	Jahreskonsum in cbm 1907		Gaspreise pro cbm		Ist ein Reingewinn über Amortisation u. Verzinsung hinaus		Jahreskonsum in cbm	
			im ganzen	pro Kopf der Bevölkerung	Kochzwecke	Leuchtzwecke	bereits eingetreten	in Zukunft dauernd zu erwarten	Kochgas	Kraftgas
32	Herrnhut . . .	1350	104 714	77	16	22	ja	ja	35 443	11 860
33	Krempe	1700	106 978	63	16	20	„	„	50 185	5 900
34	Kaputh	1000	101 209	101	—	25	„	„	—	—
35	Moringen . . .	2554	71 150	28	16	20	nein	„	44 065	14 789
36	Bernsdorf . . .	3100	93 005	30	15	22	„	„	8 285	31 922
37	Buchen	2150	62 000	29	16	22	ja	„	8 900	7 300
38	Hohen-Neuendorf	2058	141 367	70	15	20	nein	„	38 218	—
39	Beierfeld	2800	211 000	75	15	20	ja	„	Einheitspreis	78 946
40	Bünde	5260	464 124	88	14	18	„	„	106 812	—
41	Homberg (Cassel)	3600	112 332	31	16	20	nein	„	25 044	9 420
42	Bolkenhain . . .	4000	117 130	29	16	20	ja	„	25 527	3 409
43	Lage	5600	242 538	43	13	18	„	„	108 393	—
44	Güsten (Anhalt) .	5300	133 000	26	14	20	„	„	38 000	
45	Lausigk	3776	128 335	34	15	20	nein	„	10 883	4 173
46	Liebemühl . . .	2441	48 297	20	16	23	„	„	6 264	5 949
47	Lübtheen . . .	4520	100 537	22	15	18	„	„	27 792	—
48	Hangerode . . .	4800	117 014	24	16	22	ja	„	16 784	
49	Zahna	3700	116 844	32	16	21	„	„	12 558	18 337
50	Mölln	4800	254 000	53	14	20	„	„	101 470	7 500
51	Ueckermünde . .	6500	215 000	33	16	20	„	„	Einheitspreis	10 200
52	Wollin	5000	142 029	28	14	18	„	„	34 094	5 540
53	Kellinghusen . .	4951	217 442	44	15	20	„	„	60 359	18 574
54	Kaldenkirchen .	4444	300 000	68	12	18	„	„	40 000	20 000
55	Falkenberg . . .	5000	150 000	30	16	20	„	„	20 000	20 600
56	Vlotho	4800	232 250	48	13	18	„	„	83 984	25 830
57	Pegau	5600	259 640	46	14	20	„	„	43 000	27 000
58	Friesack	2900	120 442	42	14	19	„	„	27 578	7 554
59	Rinteln	5500	260 000	47	13	20	„	„	83 000	—
60	Bückeburg . . .	5600	391 938	52	14	18	„	„	116 190	
61	Wolkenstein . .	2176	119 993	55	14	21	„	„	10 147	32 694
62	Fraustadt . . .	6900	310 418	45	14	19	„	„	107 748	

gebauten Werke aufgestellt wurde und die ausschließlich Gasanstalten betrifft, die sich von vornherein in eigener Verwaltung der Städte befanden. Nur ganz vereinzelt ist kein Reingewinn über Tilgung und Verzinsung des Anlagekapitals hinaus zu konstatieren, was lediglich in der zu kurzen Entwicklungszeit begründet ist; doch geben alle Werke an, daß schon vom nächstfolgenden Jahre ab ein Reingewinn dauernd erwartet wird. Interessant an dieser Tabelle ist noch der ziemlich erhebliche Jahreskonsum pro Kopf der Bevölkerung, der nicht zum geringsten Teil in dem Konsum an Gas zu Koch-, Heiz- und Kraftzwecken, der teilweise die Hälfte der gesamten Jahresproduktion erreicht, zu suchen ist.

Der von der Berl.-Anh. Maschinenbau-Akt.-Ges. gegründeten Betriebsgesellschaft sind die Unternehmungen der Firma Karl Francke, Bremen, sehr ähnlich. Auch hier handelt es sich vorwiegend um Kleinstädte. Im Gegensatz zur Betriebsgesellschaft schließt die Zentralverwaltung in Bremen Konzessionsverträge, die ihr für bestimmte Zeit — meistens 30 Jahre — die Energieversorgung der Stadt sichern. In der Regel führt dieser Vertrag zur Erbauung einer Gasanstalt, die erfahrungsgemäß die größte Rentabilität unter Befriedigung selbst der weitgehendsten Ansprüche, die Kleinstädte an die Form der Energieabgabe zu stellen pflegen, aufweist. Nichtsdestoweniger geht die Firma Francke die Bedingung ein, die Energieversorgung durch Elektrizität zu bewirken, sobald das Bedürfnis eintreten sollte. Dies Zugeständnis hat nicht selten in Städten, wo viel Kleingewerbe betrieben wird, die nachträgliche Angliederung eines elektrischen Werkes an die Gasanstalt zur Folge gehabt. Zum Schaden der Gasanstalt ist dies selten gewesen; abgesehen davon, daß beide Betriebe zusammengelegt wurden, was eine mit geringsten Kosten verbundene Lokal- wie Zentralverwaltung beider Werke ergibt, wird der Antrieb der Dynamomaschinen durch Gasmotoren, die wieder ihr Gas aus der Gasanstalt entnehmen, bewirkt. Die Gaswerke bleiben also Erzeuger der Energie. Der vermehrte Energieabsatz, den ja zweifellos die Errichtung des Elektrizitätswerkes bringt, trägt wesentlich zur Verbilligung der Gestehungskosten pro cbm Gas bei; außerdem läßt sich durch eine den Verhältnissen angepaßte Wahl der Gesamteinrichtung der Gasanstalt wie des Elektrizitätswerkes ein für die Rentabilität äußerst günstiger Belastungsfaktor erzielen. Ähnliche Vorteile lassen sich noch durch den Anschluß eines Wasserwerks erreichen, und wir finden nicht selten selbst Kleinstädte, die unter normalen Umständen nie dazu gekommen wären, im Besitze einer zentralen Wasserversorgung. Diese Erwägungen führten auch die Firma Francke, die ursprünglich nur den Bau von Gasanstalten betrieb, dazu, ihren Wirkungskreis auf Elektrizitäts- und Wasserwerke auszudehnen.

Schon seit vielen Jahren bedient sich die Firma Francke einer Unternehmungsform, die in neuerer Zeit viele fabrizierenden Industrieen übernommen haben. Nach Erwerbung der Konzession gründet die Firma Francke für jedes zu erbauende Werk eine Aktiengesellschaft. In den meisten Fällen wird das Aktienkapital zu $\frac{2}{3}$ und die Obligation zu $\frac{1}{3}$ der Bausumme festgesetzt. Während das Aktienkapital in der Regel von der Firma Francke vorgestreckt wird, die alsdann den Verkauf der Aktien in die Hand nimmt, gehen die fest verzinslichen Obligationen, die durch hypothekarische Eintragung auf das Werk sichergestellt sind, gleich von vornherein in Privatbesitz über. Schon während der Bauzeit wird das Werk an die Zentralverwaltung von Gas-, Wasser- und Elektrizitätswerken abgegeben, die nunmehr der Baufirma Francke wie auch andern Lieferanten gegenüber die Interessen des Werkes vertritt. Die Zentralverwaltung als spezifisch Franckesches Unternehmen kann sich dem Einfluß dieser Firma, die ja sämtliche Aktien besitzt und diese nur nach Belieben verkauft, nicht völlig entziehen. Darin liegt begründet, daß nicht nur für den Bau, sondern auch für alle späteren Erweiterungen des Werkes die Firma Francke fast konkurrenzlos in Frage kommt. Es kann nicht gesagt werden, daß die Firma diese Position einseitig ausnutzt, ihr Ruf hängt sehr von der Rentabilität des Werkes ab, und ein Vergleich der Bausummen hat das Resultat, daß die Firma Francke, wenn auch nicht am besten, so doch am billigsten baut.

Über 100 Werke, also fast die Hälfte der von der Firma Francke überhaupt seit 1896 erbauten Gasanstalten, sind bereits in der Zentralverwaltung zusammengefaßt; sämtliche Werke versorgen Kleinstädte bis herab zu 1000 Einwohnern. Der fast 15 jährigen Erfahrung der Zentralverwaltung scheint in fast allen Fällen ein voller Erfolg beschieden zu sein, jedenfalls weist der nachstehende Kurszettel (Tab. XI) der Firma Francke eine Dividende bis zu 12 % und mehr auf.

Für den Nachweis der Rentabilität kleiner Gaswerke würde die Zentralverwaltung, die am meisten Erfahrung und die die besten Erfolge zu verzeichnen hat, wertvolle Tabellen über die Betriebsverhältnisse, Anschlüsse etc. liefern können; leider waren meine Bemühungen, diese zu erhalten, erfolglos. Da ich aus meiner früheren Tätigkeit in der Zentralverwaltung weiß, daß nicht ungünstige Ergebnisse der Werke, noch die Aufdeckung mangelhafter Geschäftsführung oder dgl. die Zentralverwaltung veranlassen, diesen ablehnenden Standpunkt ein-

Tabelle XI.

Gasaktien notiert von Karl Francke, Bremen.

Die Preisangaben der nicht amtlich notierten Papiere beziehen sich auf mir privatim bekannt gewordene Kurse, welche während der letzten Zeit außerhalb der Börse erzielt wurden.

		Zinstermin	Angebot %	Nachfrage %	Bezahlt %	Dividenden					Größe der Stücke
						1902/3	1903/4	1904/5	1905/6	1906/7	
1	Allgemeine Gas- und Elektrizitätsgesellschaft	1. Jan.	95	94	95	$3\frac{3}{4}$	4	4	6	$5\frac{1}{2}$	M. 1000
2	Annen, Gasaktiengesellschaft	1. Juli	90	94	—	4	5	5	5	5	„ 150
3	Arolsen, Gaswerk	1. Mai	104	100	100	$1\frac{1}{2}$	$3\frac{1}{2}$	$3\frac{1}{2}$	$3\frac{1}{2}$	$4\frac{1}{2}$	„ 1000
4	Augsburg, Vereinigte Gaswerke	1. Jan.	150	142	—	8	8	8	8	9	M. 500 u. 1000
5	Augsburg, Gesellschaft für Gasindustrie	1. Juli	154	150	150	15,16	15,16	12,83	12,83	11,67	fl. 500
6	Backnang, Gaswerk	1. „	100	95	—	4	$3\frac{1}{2}$	$1\frac{1}{2}$	3	—	M. 1000
7	Barby, Gaswerk	1. „	87	—	—	5% Bauzins	2	$2\frac{1}{2}$	3	3	„ 1000
8	Bolchen, Gaswerk	1. Mai	102	97	—	1	2	3	3	3	„ 1000
9	Borkum, Gaswerk	1. März	100	—	—	2	$2\frac{1}{2}$	2	2	2	„ 1000
10	Beeskow, Gaswerk	1. „	109	193	—	2	3	4	6	$6\frac{1}{2}$	„ 1000
11	Benrath, Vorstadt von Düsseldorf, Gaswerk	1. April	—	195	—	4	5	5	6	—	„ 1000
12	Birnbaum, Gaswerk	1. Juli	108	—	—	5	6	6	$5\frac{1}{2}$	6	„ 1000
13	Bischofszell, Gaswerk	1. „	—	110	—	—	5	5	5	5	frs. 500
14	Bönnigheim, Gaswerk	1. März	100	—	—	—	—	—	—	4 p. r. t.	M. 1000
15	Breisach, Gaswerk	1. Dez.	—	105	—	0	2	4	5	5	„ 1000
16	Bütow, Gaswerk	1. „	125	—	—	5	$5\frac{1}{2}$	6	$6\frac{1}{2}$	—	„ 1000
17	„Brema“, Gas- und Elektrizitäts-Akt.-Ges.	1. April	132	—	—	5	6	7	7	$7\frac{1}{2}$	„ 1000
18	Bremen, Gas- und Elektrizitätswerks-Aktiengesellschaft	1. „	—	—	—	$6\frac{1}{2}$	8	10	10	10	„ 1000
19	Borna, Aktienverein für Gasbeleuchtung	1. Mai	—	195	—	6	6	6	6	—	„ 150
20	Brockau, Gas- und Elektrizitätswerke	1. Juli	—	—	—	0	0	2	4	$4\frac{1}{2}$	„ 1000
21	Delmenhorst, Gaswerk	1. April	200	—	—	12	17	18	15	30	„ 1000

22	Devant les Ponts, Gaswerk	1. Febr.	110	102	—	2	3	3	4	5	„ 1000
23	Diepholz, Gaswerk	1. Juli	120	—	—	—	3	5	6	6	„ 1000
24	Dortmunder Aktiengesellschaft für Gasbeleuchtung	1. „	450	435	—	$23\frac{1}{8}$	$23\frac{1}{8}$	$23\frac{1}{8}$	$23\frac{1}{8}$	—	„ 300
25	Dramburg, Gaswerk	1. Juni	115	—	—	0	4	$4\frac{1}{2}$	5	6	„ 1000
26	Eberstadt, Gaswerk	1. Mai	—	105	—	0	1	3	$3\frac{1}{2}$	$4\frac{1}{2}$	„ 1000
27	Emsdetten, Gaswerk	1. April	115	105	—	$2\frac{1}{2}$	4	$4\frac{1}{2}$	5	5	„ 1000
28	Forbach, Gas- und Wasserwerk	1. „	145	—	145	5	6	6	6	8	„ 1000
29	Freienwalde, Gaswerk	1. Aug.	125	—	—	$5\frac{1}{2}$	$6\frac{1}{2}$	8	8	8	„ 1000
30	Frankfurt a. M., Gasbeleuchtungsgesellschaft	1. April	—	211	—	9	10	10	10	10	„ 1000
31	Gaarden, Gasbeleuchtungsgesellschaft	1. Okt.	—	—	—	8	$8\frac{1}{2}$	$8\frac{1}{2}$	9	—	„ 1000
32	Giebichenstein, Gaswerk	1. Juni	104	—	100	—	—	4 p. r. t.	4	4	„ 1000
33	Gifhorn, Gaswerk	1. Mai	102	—	—	3	4	4	4	4	„ 1000
34	Griesheim b. Darmstadt, Gaswerk	1. „	110	—	—	$3\frac{1}{4}$	$3\frac{1}{2}$	4 .	3	3	„ 1000
35	Gr. Moyeuvre, Gaswerk	1. „	—	120	—	$5\frac{1}{4}$	7	8	8	8	„ 1000
36	Gr. Ottersleben, Gaswerk	1. Aug.	—	105	—	0	0	3	4	4	„ 1000
37	Haiger, Gaswerk	1. März	100	—	100	—	—	—	4 p. r. t.	4	„ 1000
38	Heidingsfeld, Gasanstalt	1. „	105	—	—	—	0	2	1	2	„ 1000
39	Hellweg Gemeinden, Gaswerk	1. Juni	110	—	—	—	—	—	$3\frac{1}{2}$	2	„ 1000
40	Herborn, Gas-Aktiengesellschaft	1. Juli	105	—	100	4	5	5	5	6	fl. 100 u. M. 1000
41	Herrenberg, Gaswerk	1. April	—	—	—	—	—	$3\frac{1}{2}$	$3\frac{1}{2}$	$4^{1}\ _{1}$	M. 1000
42	Hersbruck, Gaswerk	1. Febr.	115	—	—	5	5	$5\frac{1}{2}$	6	6	„ 1000
43	Höchster Gasbeleuchtungs-Aktiengesellschaft	1. Aug.	—	—	—	10	8	8	8	8	fl. 100, M. 1000 u. 300
44	Hoya, Gaswerk	1. Juli	—	120	—	0	4	5	5	5	M. 1000
45	Kaiserslautern, Gasanstalt	1. Jan.	—	—	—	$17\frac{1}{2}$	$17\frac{1}{2}$	$17\frac{1}{2}$	$17\frac{1}{2}$	$12\frac{1}{2}$	M. 1000 u. 200
46	Kirchberg i. S., Gasbeleuchtungsverein	1. Juli	—	170	—	12	$13\frac{1}{8}$	$13\frac{1}{8}$	15	15	M. 300
47	Ludwigsluster Gasgesellschaft	1. Okt.	—	—	—	6	6	6	—	—	„ 300
48	Malmedy, Gas- und Wasserwerk, Mineralwasser	1. April	112	108	—	$4\frac{1}{2}$	5	$5\frac{1}{2}$	5	$5\frac{1}{2}$	„ 1000
49	Mantua, Gaswerk	1. Jan.	—	—	—	8	8	8	8	9	„ 500
50	Meerane i. S., Gasbeleuchtungs-Akt.-Ges.	1. April	280	—	—	18	20	22	22	19	M. 150 u. 300

Tabelle XI. (Fortsetzung.)

		Zinstermin	Angebot %	Nachfrage %	Bezahlt %	Dividenden 1902/3	1903/4	1904/5	1905/6	1906/7	Größe der Stücke
51	Montjoie, Gas- und Wasserwerk	1. Juli	100	—	—	2	Lit. A 2	2	$2^1/_2$	$2^1/_2$	M. 1000
							„ B 5	5	5	5	„ 1000
52	Mörchingen, Gas- und Wasserwerk	1. „	115	—	115	3	$3^1/_2$	4	$4^1/_2$	$4^1/_2$	„ 1000
53	Nassau, Gaswerk	1. Febr.	100	—	100	0	0	1	2	3	„ 1000
54	Neuenahr, Gas- und Elektrizitätswerk	1. Dez.	110	—	—	4	$4^1/_2$	$4^1/_2$	$4^1/_2$	—	„ 1000
55	Neuffen, Gaswerk	1. März	100	—	100	—	—	—	—	4 p. r. t.	„ 1000
56	Neu-Petershain und Neu-Welzow, Gaswerk . .	1. Juni	110	105	110	—	—	—	—	4 p. r. t.	„ 1000
57	Neustettin, Gaswerk	1. April	—	120	—	$6^1/_2$	$7^1/_2$	9	9	9	„ 1000
58	Nordhorn, Gaswerk	1. Juni	115	—	115	$2^1/_2$	$3^1/_2$	4	5	5	„ 1000
59	Reichenbach i. V., Gasbeleuchtgs.-Aktienverein	1. Juli	—	—	—	20	20	20	20	—	„ 150
60	Rath, Gas- und Wasserwerk	1. April	—	150	—	1	3	$4^1/_2$	$4^1/_2$	$4^1/_2$	„ 1000
61	Salbke, Vorstadt von Magdeburg, Gaswerk .	1. „	—	105	—	2	2	$3^1/_2$	4	4	„ 1000
62	Sangerhausen, Gaswerk	1. „	140	—	—	8	8	8	9	9	M. 1000 u. 300
63	Sächs.-Thür. Aktiengesellschaft für Licht- und Kraftanlagen	1. Juli	—	—	—	$4^1/_2$[1]	$4^1/_2$[1]	$4^1/_2$	—	—	M. 1000
64	Senftenberg, Gaswerk	1. April	130	—	—	5	6	7	$7^1/_2$	$7^1/_2$	„ 1000
65	Schiffweiler, Gaswerk	1. Juni	—	106	—	0	$2^1/_2$	$3^1/_2$	4	$4^1/_2$	„ 1000
66	Schweizer Gasgesellschaft	1. Jan.	103	—	100	—	—	—	4	$4^1/_2$	frs. 500
67	Schmalkalden, Gaswerk	1. April	120	114	—	3	5	6	$6^1/_2$	7	M. 1000
68	St. Avold, Gaswerk	1. März	126	—	—	$4^1/_2$	5	6	7	8	„ 1000
69	Tailfingen, Gaswerk	1. Nov.	100	—	100	—	—	4 p. r. t.	4	4	„ 1000
70	Tegel, Gaswerk	1. April	—	—	—	6	6	8	8	9	„ 1000
71	Weilburger Gasbeleuchtungs-Aktiengesellschaft	1. Juli	M. 190	M. 190	—	$4^2/_3$	$4^2/_3$	$4^2/_3$	$5^5/_6$	7	fl. 100
72	Weißwasser, Gaswerk	1. Okt.	115	110	—	$4^1/_2$	$5^1/_2$	6	7	8	M. 1000
73	Weseler Aktiengesellschaft für Gasbeleuchtung	1. Juli	—	—	—	12	12	12	12	12	„ 150

[1]) Garantie Schumann & Küchler.

zunehmen, kann nur die von Jahr zu Jahr zunehmende Konkurrenz, die durch die Veröffentlichung von Betriebsergebnissen nur noch an Boden gewinnt, als Ursache angesehen werden. Vom Standpunkt des Unternehmers aus ist das Verhalten der Zentralverwaltung durchaus zu verstehen, für die gesamten Volksinteressen bleibt es bedauerlich.

Die wirksamste Konkurrenz ist der Zentralverwaltung neben der immer mehr zunehmenden Selbstverwaltung seitens der Kleinstädte in der Betriebsgesellschaft der Berl.-Anh. Maschinenbau-Akt.-Ges. entstanden, die ihr sogar das Wasser abzugraben drohte. Diese Erkenntnis führte auch das Franckesche Unternehmen dazu, eine Pachtgesellschaft zu gründen, die bisher neun Werke zu ähnlichen Bedingungen wie die Betriebsgesellschaft verwaltet.

Nicht unerwähnt soll bleiben, daß die Verträge der Firma Francke mit den einzelnen Städten in der Regel die Klausel enthalten, daß bei Ablauf der Konzession die Anstalt zum halben Buchwert und zum halben Taxwert in den Besitz der Stadt überzugehen hat. Für die Rentabilität des Werkes ist dies von der allergrößten Bedeutung. Die erheblichen Abschreibungen für den kostenfreien Heimfall des Werkes können für kleine Werke sogar eine Lebensgefahr bedeuten. M. E. liegt es direkt im Interesse der Stadt, den kostenfreien Heimfall nicht zu fordern; nicht nur die Entwickelung wird gewaltsam hintangehalten, es ist sogar anzunehmen, daß das Werk durch das Unterlassen jeglicher Reparaturen am Ende der Vertragsdauer abgewirtschaftet, also wertlos ist. Dabei soll aber auch nicht verschwiegen werden, daß das Wort »Buchwert«, sobald die Abschreibungen, Erweiterungen und Erneuerungen etc. nicht vertraglich oder von Fall zu Fall im Einverständnis mit der Stadtverwaltung geregelt werden, der Willkür Tor und Tür öffnet.

In neuester Zeit wenden die Gasgesellschaften den Überlandzentralen bzw. Gruppengaswerken gesteigertes Interesse zu. Die technische Möglichkeit des Betriebes dieser Werke ist bereits behandelt; die Vorteile, die in wirtschaftlicher Hinsicht winken, liegen in der Herstellung großer Gasmengen in einer Zentrale, in der mit Erfolg die höheren Betriebsformen, mechanischer Betrieb, Mischgas, Vertikalöfen, Verarbeitung der Nebenprodukte etc., zur Anwendung gelangen können gegenüber den immerhin primitiven Einrichtungen der kleinen Werke. Die Betriebsgesellschaft allein hat zurzeit Konzessionen für sieben Überlandzentralen mit den Versorgungsbezirken Flonheim, Bous, Weißig, Eibau, Geising, Helbra, Mansfeld und Schliersee erworben, für die sämtliche Werke im Bau begriffen sind. Eine Unzahl anderer

Gruppengaswerke befinden sich in der Ausführung. Teils haben die Gemeinden sich zu Zweckverbänden zusammengeschlossen, teils wurden sie von den übrigen Gasgesellschaften ins Leben gerufen, teils erfolgt ihre Versorgung und Verwaltung von einem vorhandenen Gaswerk aus.

Für das Jahr 1908 liegen einige in der nebenstehenden Tabelle XII aufgeführte Betriebszahlen solcher Fernversorgungsanlagen vor. Hochdruckleitungen bis zu 29 km Länge gelangten zur Anwendung. Unter den angeschlossenen Ortschaften befinden sich solche von 60 Einwohnern, selbst der Anschluß einzelner Gehöfte konnte bereits konstatiert werden. Wesentlich bei den Überlandzentralen ist der hohe Verbrauch an Kochgas, der fast durchweg höher als der Leuchtgaskonsum ist und teilweise sogar über 50 % der Gesamtgasabgabe beträgt. Diesen hohen Kochgaskonsum konnten wir auch in den kleinen Städten mit Einzelwerken feststellen. Es ist damit überzeugend bewiesen, daß auch in der ländlichen Bevölkerung das Bedürfnis, auf Gas zu kochen, vorhanden ist. Es wird hierauf noch zurückzukommen sein bei der Gegenüberstellung der Gas- und Elektrizitätswerke. Vor der Hand mag der Hinweis genügen, daß dies Bedürfnis bei der gerade zurzeit einsetzenden Elektrisierung des platten Landes nicht befriedigt wird.

Es ist schon darauf hingewiesen worden, daß außer der Betriebsgesellschaft und der Zentralverwaltung, die beide Gründungen der Neuzeit sind, mehrere Gasgesellschaften existieren, die, abgesehen von der großen Rolle, die sie zurzeit noch spielen, schon historische Bedeutung erlangt haben. Für die Beantwortung der Frage, ob die Verwaltung der Gaswerke in Regie- oder Privatbetrieb zu geschehen hat, ist außer den Betriebsdaten die Kenntnis der Verträge, die Struktur der einzelnen Gesellschaften nötig. Über die Konzessionsverträge, über die Organisation der Gesellschaften weist die Literatur nichts auf. Von der Imp. Cont. Gas-Ass., die noch heute zehn Städte Deutschlands mit Gas versorgt und die dem Anlagekapital wie der Produktion nach bedeutender ist als sämtliche übrigen Gasgesellschaften Deutschlands zusammengenommen, wird ängstlich vermieden, irgendwelche Betriebszahlen zu veröffentlichen. Soweit diese von den übrigen Gesellschaften, die sich auf eine Anfrage auch fast durchweg ablehnend verhielten, in den Jahresberichten des Gasjournals bekannt wurden, sind sie in der nebenstehenden Tabelle XIII zusammengestellt. Es soll nicht verkannt werden, daß diese Tabelle als Grundlage für die aufgeworfene Frage Lücken hat; es darf aber auch behauptet werden, daß die Privatgesellschaften sich nicht mit einem so undurchsichtigen Schleier umgeben würden, wenn sie nicht folgern müßten, daß die Stadt-

Tabelle XII.
(Gasjournal 1909, Heft 46.)

		Einwohnerzahl	Jahreskonsum in cbm				pro Kopf der Bevölkerung	Länge der Druckrohrleitung in km
			Leuchtgas	Kochgas	Straßenbeleuchtung	Gesamt		
1	**Lichtenberg,** Marzahn 700, Biesdorf 2001, Kaulsdorf 3370, Hoppegarten 1180 .	7 251	179 000	150 000	160 000	489 000	67,5	18,442
2	**Heidelberg,** Ziegelhausen 3200, Wieblingen 4414, Eppelheim 2800	10 414	70 500	84 200	41 300	196 000	18,8	—
3	**Mügeln,** Zehista 714, Zuschendorf 330, Dohma 900, Berggießhübel 1400, Gottleuba 1250, Copitz 5200, Posta 560, Zeichen 60, Wehlen 1503, Hinterjessen 721, Vorderjessen 220, Neu-Graupa 303, Groß-Graupa 560, Klein-Graupa 150, Liebethal 471, Mühlsdorf 463, Lohmen 2126 .	16 992	65 652	69 799	12 899	148 350	9	22,049
4	**Salmünster,** Wächtersbach 1600, Aufenau 800 . . .	2 400	25 000	22 000	9 700	56 700	24	—
5	**Krefeld,** Bockheim 9070, Oppum 5731, Linn 2284 .	17 085	157 000	193 000	75 000	425 000	25	4,250
6	**Schaffhausen,** Langwiesen 400, Diessenhofen 1600 .	2 000	—	—	—	86 000	43	9,200
7	**Bühl,** Steinbach 1900, Sinsheim 3200	5 100	23 700	11 900	14 900	49 500		8,280
8	**Lübeck,** Travemünde 3400, Dannburg 74, Schlutup 2050	5 524	157 000	208 000	56 000	421 000	77	29,000
9	**Differdingen,** Bettingen 2955, Rollingen 682, Rodingen 3892, Nieder-Kerschen 1023	8 552	69 560	55 430	32 600	157 590	18,5	5,000
10	**St. Margarethen,** Rheineck, Thal-Staad, Lutzenberg, Wolzenhausen, Wolfaden, Heiden, Au, Berneck, Bolzack, Marbach, Altstedten	38 900	318 000	519 000	32 000	869 000	22,4	17,000

Tabelle XIII.

Name	Anzahl der Versorg.-Gebiete	Anlage-kapital M.	Aktien-kapital M.	Obliga-tionen M.	Rein-gewinn M.	Divi-dende %	Jahres-konsum cbm	
Allg. Gas-A.-G., Magdeburg	15	6 614 175	3 000 000	1 500 000	291 453	6	7 708 998	—
Thüringische Gas-Ges., Leipzig	32	18 502 197	6 750 000	3 456 000	—	16	31 093 215	Reservefonds . . M. 2 900 000 Ergänzungsfonds „ 1 750 000 Dispositionsfonds „ 675 000 Abschreibungen „ 7 489 667
Neue Gas-A.-G., Berlin	16	11 068 319	—	—	314 143	—	12 908 285	Fusion mit Akt.-Ges. für Gas und Elektrizität, Köln
Deutsche Kont.-Gas-Ges., Dessau	16	50 000 000	18 000 000	14 190 500	3 426 222	9	57 134 348	Reservefonds . . M. 4 305 772 Spezialfonds . . . „ 3 095 508 Ergänzungsfonds „ 1 000 000 Erneuerungsfonds „ 9 777 129
Vereinigte Gaswerke, Augsburg	22	6 190 000	2 500 000	1 200 000	475 058	9	9 430 000	Reservefonds M. 1 060 000
A.-G. für Gas und Elektrizität, Köln	23	21 534 140	8 000 000	4 176 000	361 192	4	23 024 331	Abschreibungen. M. 2 015 000 Reservefonds . . „ 650 799 Erneuerungsfonds „ 100 000
A.-G. für Gas und Wasser, Berlin	14		—	—	416 048	6	4 870 000	—
Ges. für Gasindustrie, Augsburg	12	6 490 000	4 280 000	245 504	516 711	9,33	9 400 000	Abschreibungen. M. 2 340 000 Reservefonds . . „ 820 504 Dividendenfonds „ 300 000 Dispositionsfonds „ 22 061
Imp. Cont. Gas.-Ass., London	—	—	ca. 90 000 000	—	—	8,5	—	

verwaltungen beim Bekanntwerden der Ergebnisse wieder in neue Erwägungen bezüglich der Übernahme in die eigene Verwaltung treten würden.

Nächst der Imp. Cont. Gas-Ass. ist die Deutsche Kontinental-Gasgesellschaft in Dessau die bedeutendste. Diese verfügt über zwölf Versorgungsgebiete, die ein Anlagekapital von etwa 50 Mill. Mark repräsentieren, von denen 18 Mill. durch Aktien und 14 Mill. durch Obligationen aufgebracht sind. Die wirtschaftliche Entwicklung dieser Gesellschaft ist trefflich durch die nebenstehende Darstellung (Fig. 20) veranschaulicht, die der Festschrift anläßlich des 50-jährigen Bestehens der Gesellschaft entnommen ist. Mit Recht wird in dieser Schrift behauptet, daß die wirtschaftliche Grundlage der Gesellschaft in ihren Verträgen beruht, die sie zurzeit mit 44 Städten geschlossen hat; sind doch die ursprünglichen Verträge, nach denen die Anstalten nach Ablauf der Konzession unentgeltlich an die Stadtgemeinden abzugeben waren, längst umgeändert. Schon in der Festschrift anläßlich des

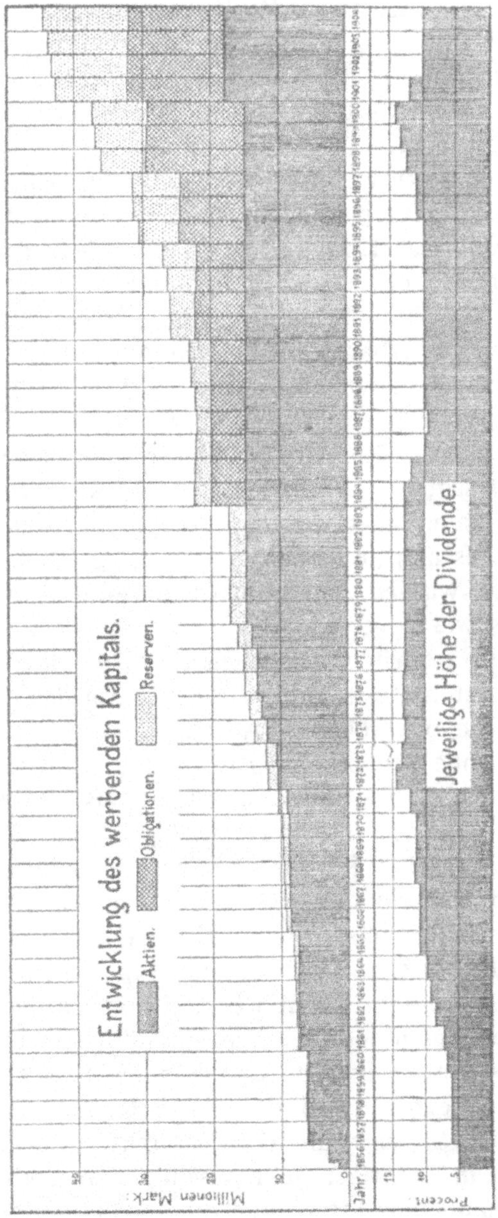

Fig. 20.

25jähr. Bestehens im Jahre 1880 heißt es, daß die Gesellschaft das Recht erlangt hat, die »Anstalten nach Ablauf der Privilegiumsdauer auf unbeschränkte Zeiten unbehindert fortbetreiben zu dürfen.« Allerdings ist diese Änderung auch mit erheblichen Zugeständnissen in bezug auf die Gaspreise erkauft, die im Jahre 1855 30 Pf., im Jahre 1886 nach Änderung der Verträge 18 Pf. pro cbm im Durchschnitt betrugen. Immerhin ist das damit erworbene »ewige Recht auf Gasabsatz« für die Gesellschaft von der größten Bedeutung und zeugt von dem weitschauenden Blick des damaligen Generaldirektors der Gesellschaft »Oechelhaeuser des Älteren«. Geschäftliche Tüchtigkeit zeichnete diesen hervorragenden Mann von jeher aus. Körting erzählt im Gasjournal 1909, S. 514 eine niedliche Geschichte, die erkennen läßt, wie bedeutend er seine Mitmenschen überragte. »Um die Mitte des vorigen Jahrhunderts ließ eine größere deutsche Stadt sich ein Gaswerk erbauen. Die Neuanlage kam in Betrieb, arbeitete auch ganz gut, aber nach vier Wochen ging die Leistung der Öfen von Tag zu Tag zurück. Man wußte nicht mehr aus noch ein und rief schließlich den Generaldirektor Oechelhaeuser zu Hilfe. Der kam und sagte: »Ja, das Gasmachen ist eine Kunst, die gelernt sein will. Ich kann Ihnen nur den Rat geben, das Werk schleunigst an meine Gesellschaft zu verpachten.« Dies geschah dann auch, und am selbigen Tage wurden die Retorten ausgraphitiert und lieferten bald soviel Gas wie zuvor.«

Nachdem Oechelhaeuser die Änderung der Verträge 1862 durchgesetzt hatte, suchte er einen Ausgleich für die ermäßigten Gaspreise in dem vergrößerten Absatz. Schon in demselben Jahre wies er auf die hohe Bedeutung für die Rentabilität der Werke hin, die in der Verwendung des Gases zu andern als Leuchtzwecken liegt, und bereits 1868 ließ er eine Preisermäßigung um 25 % für Gas zu Kraft- und Kochzwecken folgen. Für die Herstellung zweckentsprechender Koch- und Heizapparate richtete er ein besonderes Fabrikunternehmen ein, dessen Produkte einen Weltruf erlangt haben. Anfang der 90er Jahre suchte er bahnbrechend durch die Begründung der Dessauer Straßenbahngesellschaft, deren Betrieb mit Gasmotorwagen erfolgte, zu wirken. Hier waren indessen die Verhältnisse stärker, die Überlegenheit der elektrischen Straßenbahnen mit Oberleitung war in jeder Beziehung so bedeutend, daß der Gasmotorwagenbetrieb eingestellt wurde. In seiner Stellung als Generaldirektor der Dessauer Gesellschaft folgte ihm in den 80er Jahren sein Sohn, doch trägt diese heute noch den Stempel, den ihr »Oechelhaeuser der Vater«, aufdrückte.

In der Wassergasfrage, in der Ausbildung der Retortenöfen, in der Gewinnung und Verarbeitung der Nebenprodukte hat die Dessauer Gesellschaft noch heute eine führende Stellung. Auch in der Fürsorge der Angestellten und Arbeiter hat sie Einrichtungen ins Leben gerufen, die älter als die gesetzlichen Bestimmungen sind und auch über diese weit hinausgehen. Mit Recht kann die Dessauer Gesellschaft sagen, »daß auch monopolistische Aktiengesellschaften nicht nur für die Dividende ihrer Aktionäre und für die Interessen ihrer Mitarbeiter vom ersten Beamten bis zum Tagelöhner zu sorgen verstehen, sondern dabei dem Publikum die Fortschritte der Industrie mindestens ebenso schnell oder noch schneller und entgegenkommender zugänglich machen, als staatliche und städtische Verwaltungen dies ihrem ganzen Organismus nach zu tun vermögen«. (Jubiläumsschrift 1905).

Wie weit dieser Satz auf die übrigen Gesellschaften angewendet werden kann, ließ sich wegen mangelnder Unterlagen nicht feststellen, doch ist eine Verallgemeinerung durchaus nicht am Platze. Die Dessauer Gesellschaft nimmt in jeder Beziehung eine Ausnahmestellung ein, nicht nur gegenüber den Gasgesellschaften, sondern auch andern industriellen Unternehmungen gegenüber.

Werfen wir noch einen Blick auf die Tabelle, so fallen die großen Reserven auf, die die einzelnen Gesellschaften in neuerer Zeit ansammeln. Ohne Kenntnis der Vertragsbestimmungen ist hier eine Kritik gewagt; zugegeben soll auch werden, daß das schnelle Auftreten neuer Erfindungen häufigere Auswechselungen von Maschinen und Apparaten als früher nötig macht und Rückstellungen in guten Zeiten ein Gebot der Weisheit und Vorsicht sind. Als warnendes Beispiel mag die Neue Gas-Aktiengesellschaft gelten, die seit Jahren mit Verlust arbeitete und von der es im Gasjournal 1909, S. 214 heißt:

»Die schon im vorigen Geschäftsbericht in Aussicht gestellte Abschätzung der Werke durch unparteiische Sachverständige hat kein günstiges Ergebnis gehabt. Es hat sich herausgestellt, daß die in den früheren Jahren gemachten Abschreibungen und Rücklagen nicht genügen, um die im Laufe der Jahre eingetretene Wertverminderung zu decken. Außerdem wurden in den letzten Jahren durch den Eintritt außerordentlicher Verhältnisse Wertverluste an vier Gasanstalten erlitten, die bei der stattgehabten Abschätzung besonders stark in die Erscheinung getreten sind. Der Wertverlust dieser vier Werke, der namentlich durch die als Konkurrenz errichteten städtischen Werke bedingt ist, beträgt M. 2 076 429. Der Buchwert der Baukonti betrug am 30. Juni 1908 M. 11 068 319, der Wert, der sich nach Schätzung der Sachverständigen und des Vorstandes ergeben hat, beträgt M. 7 241 683, die nötigen Abschreibungen belaufen sich demnach auf M. 3 826 636. Die Unterbilanz betrug unter Berücksichtigung des Reingewinnes pro 1908 im Betrage von M. 314 143 rd. M. 1 533 000. Mit Rücksicht auf diese ungesunde Lage wurde im Dezember 1908 eine Fusion mit der Gas- und Elektrizitätsgesellschaft in Köln geschlossen.«

Die Darstellung der wirtschaftlichen Bedeutung und Entwicklung der deutschen Gaswerke würde unvollständig sein, wenn das sozialpolitische Gebiet unberührt bleiben würde. Wohl sind Chemiker, Techniker und Kaufleute als Pioniere des Wirtschaftslebens unentbehrlich, doch sie sind international und können ausgetauscht werden. Eine gegebene Größe, mit der unbedingt zu rechnen ist, ist der Arbeiter. Nur im Verhältnis, wie sich der Arbeiter der Industrie anpaßt, macht diese Fortschritte, nur mit hochwertigem Arbeitermaterial läßt sich deshalb ein Industriezweig wettbewerbsfähig erhalten. Allerdings gilt dies mehr von den fabrizierenden als den betreibenden Unternehmungen; doch auch bei den letzteren ist der Zug nach Qualitätsarbeitern deutlich zu erkennen. Die Qualität des Arbeiters steht in engster Wechselwirkung mit seiner wirtschaftlichen und sozialen Lage, und für den wirtschaftlich-technischen Fortschritt der Gaswerke können wir uns deshalb keinen besseren Gradmesser denken als den jeweiligen Stand der Arbeiterfrage. Solange patriarchalische Verhältnisse vorherrschten, schenkte man der sozialen Bewegung wenig Beachtung; erst als sie mit der fortschreitenden Industrialisierung des Deutschen Reiches in den 70 er Jahren bedenkliche Formen annahm, glaubte selbst die Gesetzgebung, sich ihrer Lösung nicht mehr entziehen zu können. Veranlaßt durch die Kaiserliche Botschaft im Jahre 1881, trat am 1. Dezember 1884 das Krankenkassengesetz in Kraft, und im unmittelbaren Anschluß daran bereitete sich die Einführung des Unfallgesetzes vor, welche Gesetze die ersten Etappen auf dem Gebiete der sozialen Reform bilden, mit der die deutsche Nation allen übrigen Nationen voranging und bis auf den heutigen Tag den führenden Platz behauptet hat. War über die Notwendigkeit dieser auf die positive Förderung des Wohles der Arbeiter gerichteten Maßnahmen nur eine

Meinung, so gingen die Ansichten über den zu beschreitenden Weg doch sehr weit auseinander, machten die Reformen doch einen tiefen Eingriff in das innere Leben der sich noch entwickelnden Industrieen, und täglich konnte man von den Unternehmern, sowohl den privaten wie den städtischen, hören, daß die ungeheuren Lasten, die mit der Einführung der Reform aufzubringen waren, zu einer Erdrosselung der Industriezweige führen würden. Unbeirrt um diese Gegenströmungen ging die Regierung ihren Weg, und wir müssen gestehen, die Gestaltung der Frage in der von vornherein angegebenen Direktive, sowohl in bezug auf das Krankengesetz wie auch in Hinsicht auf das Unfallgesetz, gaben ihr recht. Ganz richtig hat man schon damals herausgefühlt, daß das Krankengesetz einen mehr lokalen Charakter haben würde, dagegen war man bei der Organisation der Unfallversicherung bestrebt, die Last auf unbedingt leistungsfähige Schultern zu legen und das Prinzip der korporativen Verbände, der Gliederung der Industrie in Berufsgenossenschaften einzuführen, womit ein ganz neues Fundament, das bis dahin noch keine rechtliche Bedeutung in unserem staatlichen Leben besaß, geschaffen wurde.

Von wem dieser Gedanke ausging, ist nicht festzustellen, doch wird im Gasjournal vom Jahre 1871, S. 553 berichtet, daß schon bei Annahme des Haftpflichtgesetzes durch den Reichstag von Dr. Sakur, Berlin, der Vorschlag der korporativen Vereinigung der Gaswerke zur Aufbringung der ihnen durch das Gesetz auferlegten Lasten gemacht wird. Mit Recht führt er an, daß die statistischen Unterlagen, die für die Abschätzung des Risikos, für die Festsetzung der Prämien usw. einer neu zu gründenden Gesellschaft fehlen und einer Übervorteilung deswegen Tür und Tor geöffnet seien. Die Zeit muß damals noch nicht reif für diesen weitblickenden Gedanken gewesen sein; denn die Anregung hatte keinen Erfolg, die sich rasch bildenden Privatversicherungsgesellschaften schlossen mit den großen Werken Verträge, und so wurde dem korporativen Zusammenschluß der gesamten deutschen Gasindustrie der Boden entzogen. In andern Industrieen mögen ähnliche Verhältnisse gewaltet haben, die dann die Regierung veranlaßten, für das Unfallgesetz solche gewerblichen Betriebe, welche auf wirtschaftlichem Gebiete im allgemeinen gleiche oder verwandte Interessen und Vorbedingungen haben, zusammenzuschließen, also den bei der Bildung der freiwilligen Vereine eingeschlagenen Weg zu beschreiten; durfte man doch so erwarten, daß die freiwilligen Berufsgenossenschaften sich an die schon bestehenden Vereine der einzelnen Industrien anschließen würden und deren Erfahrungen und statistische

Materialien in Händen von Sachkundigen so am besten den Zwecken der Unfallversicherung nutzbar gemacht werden konnten. Diese von dem Gesetzgeber gehegte Erwartung hat sich in bezug auf die Gas- und Wasserwerke vollauf bestätigt.

Einem Aufruf des Vorstandes des Vereins zur Bildung einer Berufsgenossenschaft des Gas- und Wasserfaches hat sich die überwiegende Mehrheit — 391 Unternehmer mit 11 093 Arbeitern — der bestehenden Betriebe angeschlossen. Aber auch an Gegenströmungen hat es nicht gefehlt. Besonders waren es die Städte, die glaubten, mit ihrem vorhandenen Beamtenpersonal die Verwaltung besser durchführen, auf Grund der schon teilweise vorhandenen sozialen Einrichtungen billiger wegkommen zu können. Lange Verhandlungen zwischen dem Bürgermeister Forckenbeck, Berlin, als Vertreter der Städte über 20000 Einwohner in den sechs östlichen Provinzen der preußischen Monarchie, welche unter der Städteordnung vom 30. Mai 1853 vereinigt sind, und dem Reichsversicherungsamt haben stattgefunden, um eine besondere Berufsgenossenschaft der städtischen Gas-, Wasser- und Kanalisationswerke zustande zu bringen. Es wurde auf die Städte total anderer Verfassung bayerischen, badischen, sächsischen, rheinisch-westfälischen Rechtes hingewiesen, deren Vereinigung zu einer Genossenschaft, deren elementarster Grundsatz, Gleiches mit Gleichem zu verbinden, sei, eine Unmöglichkeit bedeute. In einer Sitzung vom 5. November 1884 hat das Reichsversicherungsamt beschlossen, dem Antrag der Städte im Hinblick auf die Bestimmungen in § 9, Abs. 1, Satz 2 und § 34 des Gesetzes keine Folge zu geben, da die Berufsgenossenschaft innerhalb des bestimmten Bezirks alle Betriebe derjenigen Industriezweige, für welche sie errichtet ist, umfassen muß. Für die Industrie ist diese Entscheidung zu begrüßen; durch die Berufsgenossenschaft ist das Band, das schon der Deutsche Verein von Gas- und Wasserfachmännern um die einzelnen Industriezweige geschlungen hat, nur noch fester geknüpft worden, und auf das Streben nach Besserung der sozialen Verhältnisse und der wirtschaftlichen Lage hat die Berufsgenossenschaft nur belebend gewirkt.

Nachdem die Vorarbeiten für die Bildung bzw. Organisation der Berufsgenossenschaften durch Aufstellung von Normalstatuten seitens des Reichsversicherungsamtes weit genug gefördert waren, erfolgte am 9. März 1885 die Einberufung der Generalversammlung der Betriebsunternehmer von Gas- und Wasserwerken, und der Hauptantrag, Bildung einer das ganze Gebiet des Reiches umfassenden Berufsgenossenschaft wurde mit 772 Stimmen gegen 112 angenommen. Im

Anschluß daran erfolgte sofort die Durchberatung des Statuts, das noch heute fast unverändert in der seinerzeit festgelegten Form besteht.

Da das Statut die Zugehörigkeit zur Genossenschaft ziemlich fest begrenzt, waren sowohl bei Gründung wie auch später Streitigkeiten mit anderen Genossenschaften über die Zugehörigkeit einzelner Betriebe selten. Ende 1885 waren 1940 Betriebe mit 17 693 Arbeitern in der Genossenschaft vereinigt. Entsprechend der wirtschaftlichen Entwicklung, welche die Gas- und Wasserwerke innerhalb der letzten

Tabelle XIV.

Sektion	Steinkohlen-gaswerke	Ölgaswerke	Azetylen-gaswerke	Luftgaswerke	Wasser-gaswerke	Wasserwerke	Kanalisations-werke	Zusammen	Am Schluß des Jahres 1908 waren versicherte Personen vorhanden: zusammen	durchschnittlich auf den Betrieb
I	99	1	—	4	1	74	36	215	14 996	69,75
II	155	—	14	8	—	77	23	277	4 818	17,39
III	100	5	—	7	2	54	10	178	3 597	20,21
IV	123	3	—	1	—	100	1	228	5 612	24,61
V	117	2	4	9	—	111	6	249	4 345	17,45
VI	79	—	8	5	—	133	10	235	4 675	19,89
VII	56	1	25	1	—	154	1	238	3 823	16,06
VIII	125	—	18	—	—	257	1	401	5 742	14,32
IX	230	—	10	3	3	195	7	448	13 201	29,47
X	86	—	13	6	1	47	9	162	4 300	26,54
XI	75	—	16	5	1	45	1	143	4 970	34,76
zusamm.	1245	12	108	49	8	1247	105	2774	70 079	25,26
	2774									

25 Jahre durchmachten, ist auch der Wirkungskreis der Berufsgenossenschaft gewachsen, der sich heute über 2774 Betriebe mit 70 079 Arbeitern erstreckt (Tab. XIV). Während die Zahl der Betriebe sich fast gleichmäßig auf Gas- und Wasserwerke verteilt, kommen von den beschäftigten Personen etwa ein Drittel auf die Wasserwerke und zwei Drittel auf die Gaswerke, so daß etwa 50 000 Arbeiter heute auf den Gaswerken beschäftigt werden.

Aus den gezahlten Löhnen von 630 Mill. im ganzen, 240 Mill., fast die Hälfte der überhaupt gezahlten, in den letzten fünf Jahren geht die gewaltige Entwicklung hervor, die die Gasindustrie durchmachte. Doch auch ein ernsteres Moment glaubte man aus diesen Zahlen herauszufühlen, indem man der Einführung des mechanischen Betriebes gegenüber dem früher selbst in größeren Werken in ausgedehntem Maße angewendeten Handbetrieb die Ursache für die erhöhte Inanspruchnahme der Kasse zuschrieb. Eingehende Untersuchungen, die im Bureau der Genossenschaft angestellt wurden, hatten indessen das Ergebnis, daß nicht der mechanische Betrieb eine Verschärfung der Unfälle sowohl der Zahl wie der Schwere nach hatte, daß die starke Inanspruch-

Tabelle XV.

Im Jahre	Die Verwaltungskosten abzüglich der Einnahmen M.	Pf.	Die Ausgaben an Entschädigungen M.	Pf.	Verwaltungskosten im Vergleich zu den Entschädigungen in %	Zahl der versicherten Personen	Verwaltungskosten auf jede versich. Person M.	Pf.
1886	21 891	12	16 508	19	132,6	18 907	1	15,8
1887	25 108	57	37 573	93	66,8	21 006	1	19,5
1888	25 232	10	59 734	22	42,2	21 855	1	15,5
1889	26 439	56	80 213	34	33,0	23 212	1	13,9
1890	30 688	01	99 834	39	30,7	24 876	1	23,3
1891	32 165	46	133 441	11	24,1	26 873	1	19,7
1892	32 030	70	163 639	63	19,6	27 660	1	12,2
1893	32 815	07	185 305	37	17,7	29 354	1	11,8
1894	35 705	47	207 276	67	17,0	29 520	1	20,9
1895	45 946	65	242 388	41	19,0	30 486	1	50,7
1896	54 224	59	264 567	11	20,5	32 087	1	68,9
1897	54 637	31	292 418	74	18,7	34 848	1	56,8
1898	58 106	43	309 761	97	18,8	37 129	1	56,5
1899	60 918	03	349 076	08	17,5	42 670	1	42,8
1900	67 203	64	394 014	73	17,1	46 648	1	43,5
1901	77 025	48	452 269	77	17,0	50 528	1	52,4
1902	83 760	80	500 464	46	16,7	52 020	1	61,0
1903	89 336	09	553 760	05	16,2	54 292	1	64,5
1904	88 045	80	625 933	84	14,1	56 647	1	55,4
1905	93 151	06	657 137	65	14,2	60 092	1	55,0
1906	96 980	70	710 124	23	13,7	63 528	1	52,7
1907	103 178	72	756 623	01	13,6	67 452	1	53,0
1908	113 992	33	822 901	27	13,9	70 079	1	62,7

nahme der Kasse lediglich in dem größeren Entgegenkommen der Ärzte bei der Beurteilung der Schwere der Unglücksfälle zu suchen ist, und daß durch die Errichtung der Arbeitersekretariate, die vor etwa zehn Jahren erfolgte, den Verunglückten eine größere Stütze in der Verschaffung ihrer rechtlichen Ansprüche wurde.

Über die Verwaltungskosten in den einzelnen Jahren gibt uns die obenstehende Tabelle XV Aufschluß. Obwohl die Verwaltungskosten fast ein Siebentel der gezahlten Entschädigungen betragen, im Verhältnis zu Privatgesellschaften sind sie immerhin als gering zu betrachten. Hinzukommt, daß die Berufsgenossenschaft der Gas- und Wasserfachleute nicht nur die Pflicht hat, bei einem geschehenen Unfall helfend einzugreifen, sondern daß sie es als Hauptaufgabe betrachtet, durch die dauernde Kontrolle ihrer Betriebe Unglücksfällen vorzubeugen. Schon im ersten Rechenschaftsbericht vom Jahre 1886 wird dem Willen Ausdruck gegeben, Unfallverhütungsvorschriften sowohl für die Betriebsunternehmer, als auch für die im Betriebe beschäftigten Personen zu erlassen und das Zuwiderhandeln mit Strafe zu belegen. In der Sitzung vom 27. März 1886 wurde vom Vorstand diese Absicht, Unfallverhütungsvorschriften für den ganzen Umfang der Genossenschaft zu erlassen, beschlossen, und bereits 1889 gelangten sie zur Einführung, also elf Jahre früher als das Gesetz die Änderung erfuhr: »Die Genossenschaften sind befugt und können im Aufsichtswege angehalten werden, Unfallverhütungsvorschriften zu erlassen.«

Bemerkenswert ist noch, daß die Genossenschaft sich von vornherein auf den Standpunkt stellte, daß die Anstellung besonderer Aufsichtsbeamten zur Überwachung der Betriebe nicht zweckentsprechend sei, daß die Funktionen, welche diesen nach dem Gesetz zuerteilt werden können, viel besser von den statutenmäßig gewählten Vertrauensmännern ausgeübt werden können. Das Streben des Reichsversicherungsamtes, besondere Aufsichtsbeamte einzuführen, statt der im Ehrenamt tätigen Vertrauensmänner, die zudem noch Betriebsleiter sind und in einem freundschaftlichen Verhältnis zu dem stehen, dessen Werk von ihnen revidiert werden soll, ist durchaus zu verstehen. Doch bei den Gaswerken hatte sich der Übergang zum Regiebetrieb bereits vollzogen, die größere Zahl der Gas- und Wasserwerke befindet sich in Händen der Gemeinden. Nicht der Betriebsleiter, ein am Gewinn fast selten beteiligter Beamter hat ein Interesse daran, Schutzvorrichtungen zu umgehen, um einen günstigeren Jahresabschluß zu erhalten, sondern die sich sträubenden Kräfte sitzen in der Stadtverwaltung. Ihm kann es deshalb nur angenehm sein, wenn seine Anordnungen über Unfallverhütungsvorschriften nicht nur durch die Kontrolle der Vertrauensmänner unterstützt, sondern sogar als zu gering bezeichnet werden, und daß dies durch einen Vertrauensmann besser erfolgt als durch einen besonderen Aufsichtsbeamten, ist keine Frage. Hinzukommt noch, daß abgesehen von den Kosten, die für die Genossenschaft bei der jetzigen Form der Kontrolle bedeutend geringer sind, ein Betriebsleiter, der das Amt als Vertrauensmann immer nur vorübergehend innehat, in seinem Beruf stets auf der Höhe der Zeit ist, alle

Neuerungen mit ihren Wirkungen genau kennt, was bei den hauptamtlich angestellten Aufsichtbeamten nicht in demselben Maße der Fall ist.

Die Höhe des Betriebsfonds mit M. 130 000 und des Reservefonds mit M. 1 833 530 und der bis Ende 1908 gezahlten Entschädigungen im Betrage von M. 7 914 099 lassen die Bedeutung und segensreiche Wirkung erkennen, die die Unfallgesetzgebung durch die Schaffung der Berufsgenossenschaft für die auf den Gas- und Wasserwerken beschäftigten Arbeiter gebracht hat, und besonders ihre Angliederung an den Verein für Gas- und Wasserfachleute und ihre Ausdehnung über das ganze Deutsche Reich muß als ein in jeder Hinsicht gelungenes Unternehmen angesehen werden.

Für die künftige Entwicklung ist zu fordern, daß die eingeschlagenen Bahnen beibehalten werden, daß allerdings gegen die neueren Bestimmungen über den Reservefonds Front gemacht wird. Es sind ganz ungeheure Kapitalien, die in den Reservefonds der Berufsgenossenschaften der Industrie entzogen werden; für 1906 betragen sie 235 Mill. Mark. Bis 1900 bestand die Bestimmung, daß die Zinsen des Reservefonds anderweitige Verwendung finden sollten, sobald dieser die doppelte Höhe der jährlichen Entschädigung erreicht hat. Im Gesetz vom 30. Juni 1900 haben diese Bestimmungen bedeutende Verschärfungen erlitten. Aus dem stenographischen Bericht S. 5311 bis 5315 ist zu entnehmen, daß der Reservefonds der Berufsgenossenschaft durch Zuschläge zu den Umlagen wesentlich verstärkt werden soll, um ein Kapital zu schaffen, das für später die Möglichkeit gibt, zum Kapitaldeckungsverfahren überzugehen. Im Jahre 1922 soll dieser Übergang erfolgen; bis dahin sollen dem Reservefonds mit Einschluß der Zinsen zugeschlagen werden in den Jahren

1901	bis	1902	je	10 %	des jeweiligen Bestandes
1904	„	1906	„	9 „	„ „ „
1907	„	1909	„	8 „	„ „ „
1910	„	1912	„	7 „	„ „ „
1913	„	1915	„	6 „	„ „ „
1916	„	1918	„	5 „	„ „ „
1919	„	1921	„	4 „	„ „ „

Einschließlich der Zinsen werden die jetzt vorhandenen Reservefonds bei den vorstehenden Zuschlägen im Jahre 1922 etwa ½ Milliarde Mark betragen.

Wenngleich auch zuzugeben ist, daß für die einer Berufsgenossenschaft angegliederten Betriebe ein gleichmäßiger Beitrag pro Kopf der beschäftigten Personen angenehmer ist als der stetig wechselnde, so erscheinen diese Vorteile mit der Festlegung so gewaltiger Kapitalien in den Reservefonds doch zu teuer erkauft. Das Gesetz von 1900 wäre angebracht, wenn Unfälle epidemisch auftreten könnten, so daß ganze Distrikte oder wohl gar ganze Industrien, die der Berufsgenossenschaft angegliedert sind, davon betroffen würden. Das ist indessen ausgeschlossen, Unfälle bleiben stets lokal, selbst durch Kriegsfälle kann die Berufsgenossenschaft nicht besonders in Mitleidenschaft gezogen werden. So wenig Veranlassung vorlag, in den vergangenen 25 Jahren die Reservefonds anzugreifen, so wenig wird es auch in Zukunft der Fall sein. Auch der Hinweis bei Begründung des Gesetzes vom 30. Juni 1900 »die stetig steigenden Entschädigungen würden einmal zu unerträglichen Lasten für die Mitglieder der Berufsgenossenschaft führen«, trifft nicht zu. Wie die Tabelle XV zeigt, sind gerade in den letzten zehn Jahren, wo Ärzte- und Arbeitersekretariate viel mehr als früher für die Verunglückten eintraten, die Entschädigungen gewaltig gestiegen, und doch sind die Kosten pro Kopf der beschäftigten Personen fast konstant geblieben. Der Grund hierfür ist in der Einführung des mechanischen Betriebes sowie in den Unfallverhütungsvorschriften zu suchen, deren Wirkung auch deutlich in den im Verhältnis zu anderen Industrieen geringen Gefahrenziffern zum Ausdruck kommt. Berücksichtigt man die großen Werte, die Gas-, Wasser-, Elektrizitätswerke, Hütten, Gruben usw. repräsentieren, auf die im Notfall immer zurückgegriffen werden kann, so erscheint die Ansammlung der großen Reservefonds für alle Berufsgenossenschaften, deren Mitglieder Betriebe mit realen Werten besitzen, nicht angebracht und die Umkehr zum früheren Zustand, Ansammlung des Reservefonds bis zur doppelten Höhe der jährlichen Entschädigung, durchaus wünschenswert.

Es besteht kein Zweifel, daß das Krankenkassen-, das Unfallgesetz mit den Unfallverhütungsvorschriften der Berufsgenossenschaft, die innere Entwicklung der Gaswerke eine positive Förderung des Wohles der Arbeiter bedeuten. Zahlenmäßig läßt sich allerdings nicht nachweisen, ob und in welchem Umfange Erkrankungen und Unfälle abgenommen haben, weil die hierauf bezüglichen Angaben über einzelne Werke sich zum Teil widersprechen und anderseits die Berichte der Berufsgenossenschaften die einzelnen Arbeitergruppen nicht getrennt aufführen.

Besondere, ihrer Beschäftigung eigentümliche Krankheiten treten zwar unter den Gaswerksarbeitern nicht auf, jedoch haben sie viel, namentlich in den älteren Werken, unter Rheumatismus, Erkrankungen der Atmungs- und Verdauungsorgane zu leiden, weil sie in schlecht durchlüfteten Räumen körperlich anstrengende Arbeit verrichten mußten. Der Hitze und Luftverschlechterung ist durch günstigere Bauart der Retortenhäuser begegnet, besonders gilt dies von jenen, die mit Vertikal- oder Kammeröfen ausgerüstet sind. Die Zieh- und Lademachinen, die Kokslöschvorrichtungen usw. bedeuten eine wesentliche Erleichterung der schweren körperlichen Arbeit. Beim Handbetrieb erfordert das Koksziehen und das Einschaufeln von etwa 150 kg Kohle pro Retorte 3 bis 4 Minuten. Hierbei muß der Arbeiter unmittelbar vor der offenen Retorte stehen und ist andauernd den entweichenden Gasen und der großen Hitze ausgesetzt. Bei der Benutzung der Zieh- und Lademaschinen läßt sich die Arbeit in 30 bis 40 Sekunden ausführen, der Arbeiter hat nur den Gang der Maschine zu überwachen, körperliche Arbeit braucht er fast nicht zu leisten. Am vollkommensten sind die Forderungen des Arbeiterschutzes bei den Schräg-, Vertikal- und Kammeröfen erfüllt, wo die ganze zu leistende Arbeit nur noch aus ein paar Handgriffen beim Öffnen und Schließen von Deckeln besteht.

Neben der Erleichterung der Arbeit hat die neuere Entwicklung des Gasanstaltsbetriebes dem Arbeiter auch eine Verkürzung der täglichen Arbeitszeit gebracht. Für Ofenhausarbeiter waren früher, und teils ist dies noch heute der Fall, zwölfstündige Schichten üblich. Gegen jede Verkürzung wurde und wird noch heute geltend gemacht, daß mit der Verkürzung der Arbeitszeit auch erhebliche Minderleistungen, auf den Arbeiter und Tag bezogen, verbunden seien. Für den Kleinbetrieb soll dies zugestanden werden, beim Großbetrieb, und dazu zählen alle Gaswerke in Städten von mehr als 50 000 Einwohnern, hat sich indessen gezeigt, daß die Einführung der achtstündigen Schicht an Werktagen sowohl im Interesse des Arbeiters wie des Betriebes liegt. Wie ein Märchen klingt es, wenn in unserer Zeit auch in bezug auf die Ofenhausarbeiter der Gaswerke von Arbeitgebern angeführt wird, daß eine Verlängerung der Ruhezeiten von 12 auf 16 Stunden nur den Arbeiter veranlassen würde, noch mehr in die Schankwirtschaften zu gehen. Die Erfahrung hat gelehrt, daß solche Fälle nur vereinzelt vorkommen, daß im allgemeinen die Verkürzung der Arbeitszeit auf die Gesundheit und das Familienleben der Ofenhausarbeiter in der günstigsten Weise eingewirkt hat, und mancher »Gaswerksleiter, der früher ein scharfer Gegner der Achtstundenschicht war, bekennt sich in neuerer Zeit rückhaltlos als deren Anhänger.« (Jahresbericht der preußischen Gewerberäte 1907, S. 94, Gewerbeassessor Perko, Berlin.)

Auf der Gasarbeiterkonferenz des Verbandes der Gemeinde- und Staatsarbeiter berichtet der Delegierte für Mainz über einen Vergleich der Erkrankungen vor und nach der Verkürzung der zwölfstündigen Schicht auf acht Stunden und stellt fest, daß die Zahl der Erkrankten von $^3/_5$ auf $^1/_3$ der Mannschaften gesunken ist, daß die Krankheitsfälle um 25 % abgenommen haben und daß die Zahl der Krankheitstage von 710 auf 316, also um mehr als die Hälfte, zurückgegangen ist. Es heißt im Bericht wörtlich:

»Es ist ja erklärlich, daß alle hier angeführten Kranken im eigentlichen Sinne des Wortes nicht krank waren, aber bei dem zwölfstündigen Arbeitstag haben sich viele Arbeiter krank gemeldet, weil sie das Bedürfnis hatten, einmal aus dem Joch herauszukommen, einmal auszuspannen, um die normalen Kräfte wieder zu sammeln. Wenn auch ein großer Prozentsatz der Gasarbeiter krank ist, so muß doch anderseits konstatiert werden, daß die Zahl der Kranken nach Einführung des Achtstundentages zurückgegangen ist, weil die Arbeiter mehr freie Zeit haben, wieder Kräfte zu sammeln. Ich habe in der Statistik mein Augenmerk auf die einzelnen Krankheitsarten gerichtet. Von 39 Mann waren erkrankt an den Augen 3, an Ohren 1, an Muskeln und Sehnen 3, an Hautkrankheiten 5, an inneren Krankheiten 3, an Verletzungen 9, an Rheumatismus 9, an Verdauungsorganen 8, an Hals und Brust 16. Ich glaube, behaupten zu können, daß gut 50, wenn nicht noch mehr als 50 % der Feuerhausarbeiter lungenkrank sind.«

Die Berichte aus Anlaß einer Umfrage der Barmer Gaswerksverwaltung gegen Ende des Jahres 1904 lauten aus Bremen, Chemnitz, Krefeld, Fürth, Königsberg, Mannheim, Offenbach und Stuttgart über die Bewährung des bereits eingeführten Achtstundentages fast ebenso günstig. Überall wird hervorgehoben, daß die Einführung des Achtstundentages für die Ofenhausarbeiter eine relative Steigerung der Arbeitsleistung des Einzelnen zeitigte; von Mainz wird sie mit $33^1/_3$, von Mannheim sogar mit 50 % bewertet, so daß die Steigerung der Arbeitsleistung des einzelnen fast die mit der Verkürzung der Arbeitszeit verbundenen Mehrkosten deckt. Berücksichtigt man, daß bei diesen Werken noch der Betrieb mit wagerechten Retorten, deren Entladung und Beschickung entweder von Hand oder mit der Maschine geschah, vorherrschte, daß beim Betrieb mit Schräg- und Vertikalöfen die Entgasungsdauer 8 bis 12 Stunden dauert, und die Kammeröfen sogar eine Ausstehzeit von 20 bis 24 Stunden haben, so daß hier also die Nachtarbeit vollständig überflüssig wird, so darf man wohl annehmen, daß die Einführung der Achtstundenschicht für die Ofenhausarbeiter bald eine allgemeine sein wird.

Auch die Sonntagsarbeit wird jetzt in einer für den Arbeiter günstigeren Weise geregelt. Den in der Gewerbeordnung vom 1. Mai 1904 festgelegten Bestimmungen kann durch verschiedene Maßnahmen entsprochen werden:

1. Der Betrieb wird an Sonntagen teilweise eingestellt.
2. Es werden Hofarbeiter zur Aushilfe im Ofenhause eingestellt.
3. Die Arbeitszeiten werden am Sonnabend, Sonntag und Montag für einen Teil der Arbeiter so verlängert, daß die übrigen während dieser Zeit die vorgeschriebene Ruhezeit haben.

Das letzte Aushilfsmittel wird am häufigsten angewandt, zuweilen, namentlich in kleinen Gaswerken, in recht bedenklicher Weise. Da vielfach nur zwei Arbeiter für den ganzen Betrieb vorhanden sind, muß einer 24 Stunden dienstbereit sein, um dem andern eine 24 stündige Ruhepause zu verschaffen. Wenngleich auch eingewendet wird, daß der Gasverbrauch am Sonntag kleiner und dadurch die zu leistende Arbeit geringer ist, so muß die Beibehaltung dieser Maßnahmen doch als verwerflich bezeichnet werden, und schon die Aufsichtsbehörde sollte auf die Einstellung eines dritten Arbeiters zur Zeit des Schichtwechsels dringen. Selbst die Einrichtung, die Arbeitszeit auf 18 Stunden zur Zeit des Schichtwechsels auszudehnen, die sogar noch in großen Werken Anwendung findet, ist nicht einwandfrei, da auch diese Arbeitszeit als zu lang angesehen werden muß, und ihre Anwendung insofern noch Schwierigkeiten macht, als der Wechsel am Sonntag nach dem Gesetz nicht zwischen 6 Uhr morgens und 6 Uhr abends stattfinden darf. Es soll nicht unerwähnt bleiben, daß gegen die Heranziehung fremder Arbeiter zu dem Ofenhausbetriebe die Arbeiter selbst sich sträuben, weil sie fürchten, daß die Hofarbeiter sich zu der besser bezahlten Arbeit bei den Öfen drängen und eventuell Streikbrecherdienste leisten könnten. (Gewerbeassessor Perko, Berlin.)

Aus dieser schematischen Darstellung geht hervor, wie viel leichter und zwangloser sich der Schichtwechsel bei dem Dreikolonnensystem erledigt. Nie braucht die Dauer der Arbeitszeit zwölf Stunden zu überschreiten, auch Aushilfsmannschaften brauchen nicht eingestellt zu werden. Die Ausdehnung des Achtstundentages schreitet immer weiter vor. Während Anfang 1903 der Achtstundentag erst in sieben Städten Anwendung gefunden hatte, machen heute schon 51 Städte mit über 70 Gaswerken davon Gebrauch. (Kalender der Gemeinde- und Staatsarbeiter 1910.)

Sehr zu begrüßen ist noch das immer mehr hervortretende Verständnis, daß auch einem Arbeiter ein Erholungsurlaub von mehreren Tagen im Sommer dienlich sein würde, und es ist sehr zu wünschen, daß diese Einrichtung recht bald Allgemeingut der arbeitenden Klasse wird.

Nicht unerwähnt dürfen die Wohlfahrtseinrichtungen bleiben, die vor Jahren sehr viel zu wünschen übrig ließen, in den neueren Werken dafür direkt mustergültig sind. Außer Wasch- und Badegelegenheit stehen den Arbeitern Aufenthaltsräume, Kantinen in den Pausen zur Verfügung, wo erfrischende Getränke in der Regel kostenfrei verabfolgt werden.

Wie weit nun das Entgegenkommen den Gasarbeitern gegenüber, sowohl in bezug auf Verkürzung der Arbeitszeit, Wohlfahrtseinrichtungen wie die nicht unbedeutenden Lohnerhöhungen in den letzten zehn Jahren, freiwillig zugestanden oder erzwungen wurde, ließ sich nicht feststellen; doch darf man wohl sagen, daß viel davon auf das Konto der im Verband der Gemeinde- und Staatsarbeiter organisierten Arbeiter kommt. Schon heute bilden sie eine nicht zu unterschätzende Macht. Nach dem Geschäftsbericht des Vorstandes für 1908 gehören 11 022 Gasarbeiter dem Verbande an, das sind mehr als ein Fünftel sämtlicher auf deutschen Gasanstalten beschäftigten Arbeiter. Außer dem Achtstundentag, dem Koalitionsrecht ist die Anerkennung der Arbeiterausschüsse ein Hauptpunkt des Programms. Die Erfüllung dieser an sich durchaus berechtigten Forderungen würde der Bewegung viel Wind aus den Segeln nehmen; doch die Städte als Arbeitgeber haben in diesen Fragen den privaten Unternehmern nichts voraus; was ihnen von den Arbeitern nicht abgerungen wird, bleibt diesen vorenthalten. Es soll zugegeben werden, daß die Arbeiter mit ihren Forderungen manchmal über das Ziel hinausschießen und wegen kleiner Reibereien einen Streik vom Zaun brechen, wissen sie doch zu genau, welche Macht sie besitzen, wenn es ihnen gelingt, zeitweilig, sei es auch nur für einen Tag, die Gaslieferung zu unterbrechen. Mit allen Mitteln suchen sie die Gegenmaßregeln der Betriebsleiter, die in der Einführung des mechanischen Betriebes, in der Schaffung kontinuierlicher Öfen und Erbauung von Wassergasanstalten bestehen, durch passive Resistenz zu hintertreiben. Wenn es in den Berichten des Verbandes heißt, daß die Gegenmaßregeln der Betriebsleiter keinen Erfolg zeitigten, so ist dabei wohl mehr der Wunsch der Vater des Gedankens. Wir wissen, daß schon 1900 in Bremen allein die Wassergasanlage den Gasarbeiterstreik zugunsten der Stadt erledigt hat. Die eingesetzte Entwickelung mit straffer Organisation auf der Arbeiterseite und immer größerer Loslösung des Betriebes vom Arbeiter, wie sie die Einführung der höheren Betriebsformen gebracht hat, kann in bezug auf die Arbeiterfrage als nicht ungesund bezeichnet werden. Je größer das Risiko im Fall eines Streiks auf beiden Seiten ist, um so eher werden Streitigkeiten auf gütlichem Wege beigelegt, und das so gewonnene Ergebnis darf man in den meisten Fällen als das allen Teilen gerecht werdende ansehen.

Die gewaltige Entwicklung der Elektrotechnik in dem letzten Jahrzehnt und die nicht unbedeutenden Gewinne, die einzelne Unternehmungen einheimsten, brachten Volkswirtschaftler schon vor mehreren Jahren auf den Gedanken, die Elektrizität in ein Monopol zu zwingen und die Industrie, die sich mit ihrer Erzeugung und ihrem Verkauf beschäftigt, zu verstaatlichen. Es wurde auf das zum Schaden Deutschlands nicht zustande gekommene Tabakmonopol hingewiesen, es wurde angezogen, daß die Elektrotechnik nicht zum mindesten einen Teil ihres Erfolges den technischen Hochschulen verdankt, die große Aufwendungen verlangten und noch alljährlich nicht unbedeutende Zuschüsse bekommen. Gegen diese Argumente, deren Breittretung in der Tagespresse erfolgte, wurden ernstliche Schritte nicht unternommen, und es ist möglich, daß die Regierung bei der Reichsfinanzreform daraus den Mut schöpfte, eine Besteuerung der Elektrizität in ihr Programm aufzunehmen. Auch die Erklärung des Staatssekretärs in der Sitzung vom 9. November 1908 «Ich betrachte die Steuer als eine Gewinnbeteiligung des Reiches an den Vorteilen, die mit diesem Verkehrsmittel verbunden sind. Es war ja einmal die Rede, diese Gewinnbeteiligung in Form eines Monopols herzustellen. Ich konnte mich dafür nicht begeistern, dazu ist die Industrie noch zu jung. Auf diesem Gebiete muß die Privatindustrie die Beweglichkeit haben; daher wird die Elektrizität in absehbarer Zeit und wohl in aller Zukunft der Privatindustrie verbleiben. Bleibt also nur die Form der Gewinnbeteiligung über« läßt erkennen, daß nur unter diesem Gesichtswinkel die Besteuerung der Elektrizität ins Auge gefaßt wurde, ohne die geringste Rücksicht auf die prinzipiellen Bedenken zu nehmen, die man dagegen einwenden kann.

Interessant ist es nun, daß man in den Begründungen zur Beleuchtungssteuer stets die Elektrizität im Auge hat, daß die Gassteuer, die fast den gleichen Betrag aufbringen soll, nur sekundäre Bedeutung hat; über ihre Einführung wird in der allgemeinen Begründung des Entwurfs gesagt:

»Soll eine Störung in der bisherigen erfreulichen Entwicklung der deutschen Elektrotechnik vermieden und namentlich eine einseitige Belastung dieses Industriezweiges ausgeschlossen werden, so erscheint es geboten, die Besteuerung auch auf denjenigen Energieträger auszudehnen, der mit dem elektrischen Strome in andauerndem Wettkampf steht, nämlich auf das Gas.«

In einer umfangreichen Denkschrift suchen Bürner und Lux an Hand statistischen Materials die Unhaltbarkeit dieser Gas- und Elektrizitätssteuer klarzulegen; es wird darauf hingewiesen, daß ihre Einführung sogar gegen die Grundsätze unserer Finanzpolitik verstößt, welche die bisherige Entwickelung des deutschen Wirtschaftslebens zeitigte. Die Zoll- und Steuerfreiheit der wichtigsten Rohmaterialien, besonders jener, die im Produktionsprozeß eine Rolle spielen, hat Deutschland den Platz im Welthandel einzunehmen ermöglicht, den es heute innehat. Es mag auf die Erze, Kohlen, Rohmaterialien der Textilindustrie, den Spiritus für gewerbliche Zwecke, Benzin etc. hingewiesen werden. Wagner sagt in seiner Finanzwissenschaft, II. Teil, S. 366: »Die Schonung des Vermögens und des Kapitals ist ein allgemeiner, richtiger und hochwichtiger Satz der neueren Steuertheorie, ein Postulat der rationellen Praxis seit der Entwickelung der Wissenschaft der politischen Ökonomie und der Erkenntnis der Funktion des Kapitals in der Volkswirtschaft, speziell im Produktionsprozeß. Ausnahmefälle, wo auch die wirkliche Mitbesteuerung des Volksvermögens und des Kapitals gerechtfertigt, liegen in großen Staatsnotlagen vor, z. B. in gewissen für das Volks- und Staatsleben gebotenen Kriegen. Nur kann und darf ein solcher Zustand nicht andauern, nicht der normale werden, so wenig wie der Kriegszustand. Vermag ein Staat auf die Dauer nicht ohne Besteuerung der geschilderten Wirkung auszukommen, so beweist er dadurch die Unmöglichkeit seines Regierungssystems oder selbst seine Lebensunfähigkeit, mindestens aber die Unhaltbarkeit seiner Finanzlage.«

Als weiterer innerer Grund gegen die Steuer wird geltend gemacht, daß sie nur zwei Energieträger trifft, andere dagegen, wie ärmere Gichtgase, Dampf und Wasser nicht berührt. Auch der Hinweis auf das Petroleum, das Beleuchtungsmittel des kleinen Mannes, der so oft gemacht wurde, kann als verfehlt betrachtet werden. Der Tatsache, daß Gas zurzeit fast in keiner besseren Wohnung fehlt, ist entgegenzuhalten, daß mit Einführung der Automatgasmesser auch jedem Minderbemittelten die Anschaffung der Gasbeleuchtung nicht nur ermöglicht, sondern, wie Berlin und andere Städte zeigen, dies sogar in großem Umfange durchgeführt ist, daß indessen die Einführung der Gassteuer die Abschaffung des Gasautomaten und Rückkehr zur alten Petroleumbeleuchtung zur Folge haben wird.

Neben diesen inneren Gründen sind eine Menge äußere vorhanden. Zunächst ist der Ertrag der Steuer im Entwurf bedeutend überschätzt. Während zurzeit die Produktion sämtlicher deutschen Gasanstalten etwas über 2000 Mill. cbm beträgt, rechnet der Entwurf mit 2500 Mill. cbm. Weiter ist das Gas zum eigenen Bedarf, das etwa die Hälfte der Steuer des gegen Entgelt abgegebenen Gases tragen soll, entweder gar nicht oder viel zu gering geschätzt. Im ganzen sind hierfür 2500 Mill. cbm angegeben, wobei nur an Kokerei- und Kraftgas (Wassergas, Sauggas) gedacht ist, nicht berücksichtigt sind Ölgas, Azetylen, Luftgas und Hochofengase. Um welche gewaltigen Mengen es sich hier handelt, ergibt sich aus dem Verbrauch der Eisenbahnen, der auf 25 Mill. cbm Ölgas geschätzt wird, und aus der Produktion der Hochöfen, deren Gichtgase etwa 46 Milliarden cbm betragen dürften. Von den Kokerei- und Gichtgasen ist anzuführen, daß sie Nebenprodukte bilden, die bis vor kurzem unbenutzt in die Luft gingen und jetzt erst zum allergeringsten Teil Verwendung finden, weil ihre Ausnutzung mit Kapitalaufwand verbunden ist, den viele Unternehmer zu machen scheuen, bevor die Rentabilität einwandfrei erwiesen ist. So viel steht indessen fest, daß bei Verwendung der Kokereigase die Gestehungskosten nicht über 1 Pf. und jene der Gichtgase noch weit niedriger liegen werden, und als ein Unding muß es nun erscheinen, diese Gase, die noch heute zum weitaus größten Teil nicht benutzt werden, mit einer Steuer von 0,2 Pf. pro cbm, also 20 % und mehr, zu belegen, wie der Entwurf dies tut.

Weiter tritt uns als Schwierigkeit die Kontrolle der Gase entgegen. Hütten und Kokereien müßten Meßwerkzeuge einführen, für deren Größe uns bisher jede Erfahrung fehlt. Die Kosten der erforderlichen Gasmesser in den Kokereien des Ruhrgebietes allein werden auf 3 Mill. geschätzt, sie betragen sicher ein Vielfaches des Steuerertrages, und die Kosten ihrer Instandhaltung und Verzinsung werden selbst bei steigender Verwendung des bisher nicht benutzten Gases dem Steuerreinertrage gleichkommen.

Die Abwälzung der Steuer ist zwar vorgesehen, ihre Durchführung indessen nur teilweise möglich. Abgesehen davon, daß ein Verlust durch Undichtigkeit im Rohrnetz, der bis zu 10 % der Produktion betragen kann, unvermeidlich ist und der nach dem Entwurf trotzdem der Steuer unterliegt, müßten sämtliche Automatengasmesser, die für eine Einheitsmünze ein bestimmtes Quantum geben, geändert werden, was wiederum einen Aufwand von mehreren Millionen Mark erfordern würde. Ferner ist geltend zu machen, daß die meisten Privatgesellschaften die Lieferung des Gases für die Dauer des Konzessionsvertrages gegen einen festen Preis, unbekümmert um äußere Einwirkungen, übernommen haben und sie deshalb die Abwälzung der Steuer auf die Konsumenten nicht durchführen können. Viele von diesen Privatgesellschaften arbeiten mit nicht bedeutenden Reinerträgen, eine Besteuerung des Gases bis zu 5 % würde auf Jahre hinaus die Zahlung einer Dividende unterbinden. Ähnlich liegen die Verhältnisse bei den Mittel- und Kleinstädten, die ihre Werke selbst verwalten. Doch auch die Großstädte, die ja immerhin trotz steigender Löhne und Kohlenpreise erhebliche Überschüsse erzielen, haben mit bedeutenden Ausfällen zu rechnen. Die gerade im letzten Jahrzehnt ausgedehnte Benutzung des Gases zu Heiz- und Kochzwecken wird, wenn auch nicht zurückgehen, so doch ins Stocken geraten und der Wettbewerb der Kohlen und des Petroleums wieder mehr in den Vordergrund treten. Ist gegen die Verwendung der Kohle im Haushalte die geringe Ausnutzung der in ihr steckenden Energie, die Luftverschlechterung geltend zu machen, so gereicht die vermehrte Verwendung des Petroleums, wie dies bereits nachgewiesen ist, nur dem Auslande zum Vorteil. Wie eng der Zusammenhang zwischen billigen Gaspreisen und dem Gasverbrauch pro Kopf der Bevölkerung ist, zeigt die nachstehende Tabelle XVI. Wenngleich auch zugegeben werden soll, daß ein Vergleich der einzelnen Städte, besonders, wenn sie verschiedenen Ländern angehören, etwas hinkt, denn Städte mit alter Kultur, entwickelter Industrie und ausgedehnten Handelsbeziehungen haben größtenteils eine kaufkräftige Bevölkerung und daher einen größeren Gasverbrauch als jene, die diese Vorzüge nicht besitzen, so läßt sich doch wohl sagen, daß eine Verteuerung des Gases den Gasverbrauch pro Kopf der Bevölkerung, der in Deutschland weit hinter dem des ihm benachbarten Auslandes zurückbleibt, noch erheblich herabdrücken würde. Wenn wir das bisher Gesagte zusammenfassen, so kommen wir zu dem Ergebnis, daß die Gassteuer abzulehnen ist aus Gründen, die schon Lux gegen eine Reichsgassteuer mit den Worten anführte: »Die Gassteuer trifft weder Reichtum noch Luxus, noch schützt sie den heimischen Gewerbefleiß. Sie steht im vollen Widerspruch mit den preußischen Gesetzen, das die Besteuerung von Brennstoffen verbietet; sie greift aus einer großen Anzahl blühender Gewerbe ganz willkürlich

Tabelle XVI.

Durchschnittlicher Gaspreis und Privatgasverbrauch pro Jahr und Kopf der Bevölkerung.

(Bürner-Lux, Die Beleuchtungssteuer.)

	Durchschnittlicher Gaspreis pro cbm Pf.	Durchschnittlicher Privat-Gaskonsum in cbm
In je 9 Städten Englands: London, Glasgow, Liverpool, Manchester, Sheffield, Bradford, Leicester, Lower-Sydenham, Brighton	8	186
In je 9 Städten Hollands: Amsterdam, Rotterdam, s'Gravenhage, Utrecht, Groningen, Haarlem, Arnhem, Leiden, Nimwegen	11	122
In je 9 Städten Deutschlands: München, Hamburg, Berlin, Chemnitz, Essen, Nürnberg, Bremen, Köln, Stuttgart	14,5	76

ein einzelnes heraus. Die Gassteuer ist ungerecht, weil sie unsere Städte allein trifft, weil heutzutage der kleine Mann als Hauptgasverbraucher angesehen werden muß. Sie ist vom sozialen Standpunkt aus verwerflich, weil sie die Betriebsmittel des kleinen Mannes bei der Arbeit und seinem häuslichen Komfort verteuert. Sie bedeutet einen Schlag gegen die Hygiene unserer Städte, weil sie es der gasförmigen Feuerung unmöglich macht, mit der Kohle in Wettbewerb zu treten. Sie ist endlich ein schwerer Schaden für die Gasindustrie selbst und die zahlreichen von ihrem Gedeihen abhängigen Fabrikbetriebe, weil sie zu ihrer normalen Entwicklung billige Gaspreise nötig haben. Ihr Reinertrag steht in keinem Verhältnis zu den Erhebungskosten.«

Wie zu erwarten war, hat die Besteuerung des Gases und der Elektrizität als Energieträger schon bei der ersten Lesung im Reichstage so wenig Freunde gefunden, daß mit ihrer Ablehnung für alle Zeiten gerechnet werden kann. Besser erging es indessen der gleichzeitig eingebrachten reinen Beleuchtungsmittelsteuer. Die guten Erfahrungen, die man mit der Banderolensteuer für die verschiedenen Steuerobjekte gemacht hatte, ließen prinzipielle Bedenken gegen die Beleuchtungsmittelsteuer nicht aufkommen. Da die Abwälzung dieser Steuer auf den Verbraucher nicht nur möglich, sondern sogar die Regel bilden wird, so kann hier mit einer Verteilung der Steuer auf alle Schichten der Bevölkerung nach Maßgabe ihres Einkommens gerechnet werden. Obwohl die Steuer auf Glühkörper über 100% des Herstellungspreises, der zwischen 10 und 14 Pf. liegt, ausmacht, stellt sie für den einzelnen keine erhebliche Belastung dar, wenn man die billigen Verkaufspreise von 20 bis 25 Pf. pro Stück berücksichtigt und wenn man weiter beachtet, daß pro Jahr und Flamme nur etwa ein Glühstrumpf beschafft zu werden braucht. Auch die Mitglieder des Zentralverbandes deutscher Industriellen konnten sich dieser Tatsache gegenüber nicht ablehnend verhalten und beurteilten diesen Teil des Gesetzentwurfes, der sich auch auf elektrische Glüh- und Bogenlampen erstreckt und schließlich zur Annahme gelangte, erheblich günstiger als die Besteuerung der Energieträger selbst.

Nicht unerwähnt soll indessen bleiben, daß die Erträgnisse auch der Beleuchtungsmittelsteuer bedeutend überschätzt sind. Die Begründung nimmt einen Jahresverbrauch von 100 Mill. Glühstrümpfen an, von dem es in der Begründung S. 23 heißt: »Hier liegen nur abweichende Schätzungen vor. Indessen wurde bereits 1907 von Fachleuten mit 40 Mill. Gasflammen gerechnet, die etwa zwei Glühkörper im Jahr verbrauchen. Die Berücksichtigung des Zuwachses bis zum 1. Okt. 1909 führte auf 100 Mill. Stück.«

Wie sehr diese Berechnung daneben geht, ergibt sich aus der Gesamtjahresproduktion, die nach den Ermittelungen der deutschen Glühstrumpffabrikanten ca. 100 Mill. Stück beträgt, von denen zwei Drittel ins Ausland gehen infolge der führenden Stellung, die die deutsche Glühstrumpffabrikation auf dem Weltmarkt einnimmt. Die Richtigkeit dieser Angaben der Glühstrumpffabrikanten sucht Dettmer in der E. T. Z. 1909, Heft 4, nachzuweisen. »Im Durchschnitt verbraucht jede einzelne Gasflamme ca. 70 cbm im Jahr. Da 100 Mill. Glühkörper 60 Mill. Flammen entsprechen (300 Stunden Lebensdauer, 500 Stunden Benutzungsdauer eingesetzt), so hätte demnach der Gasverbrauch allein für die Beleuchtung 4200 Mill. cbm pro Jahr betragen müssen. In der Begründung ist der gesamte Gasverbrauch zu 5000 Mill. cbm angegeben. Da hiervon 2500 Mill. cbm auf Kokerei- und Kraftgasanlagen entfallen und von den restierenden 2500 Mill. cbm (Produktion der Gaswerke) weit mehr als die Hälfte für Kochen, Heizen, Motorenbetrieb gebraucht wird, so sieht man, daß ein offensichtlicher Widerspruch zwischen zwei Zahlenangaben der Begründung vorhanden ist, der in einem solchen offiziellen Schriftstücke eigentlich nicht erwartet werden sollte.« Zieht man den Selbstverbrauch, den Reich und Einzelstaaten haben und der auf 5 Mill. Glühkörper veranschlagt wird, in Rechnung, so würden etwa 30 Mill. Glühkörper der Besteuerung unterliegen, die bei einem Steuersatz von 10 Pf. pro Stück einen Bruttoertrag von 3 Mill. Mark statt der veranschlagten 10 Mill. Mark ergeben. Da die Fabrikation fast ausschließlich in Großbetrieben erfolgt, die Besteuerung mittels Banderolen keine großen Unkosten verursacht, bleibt dem Staat immerhin eine erhebliche Einnahme, die den Vorzug besitzt, von Jahr zu Jahr zu steigen.

Das in den deutschen Gaswerken investierte Kapital wurde von Schäfer 1896 auf 500 Mill. Mark geschätzt, wobei die Gesamtjahresproduktion etwa 1000 Mill. cbm seinerzeit betragen hat. Der Übergang zu den höheren Betriebsformen hatte eine wesentliche Steigerung des Anlagekapitals zur Folge. Für Berlin kommt diese in den untenstehenden Zahlen (Tab. XVII) zum Ausdruck. In kleinen Städten kann man durchschnittlich mit M. 100 pro 100 cbm Jahresabgabe rechnen, wie dies

Tabelle XVII.
(Verwaltungsbericht der Stadt Berlin.)

Geschäftsjahr	Anlagekapital bis zum Schluß des Betriebsjahres		Am Schlusse des Betriebsjahres		
	insgesamt M.	pro 1000 cbm des im Jahre produziert. Gases M.	gesamter Buchwert der Gaswerke inklusive Röhrensystem [1]) M.	haften darauf an fremden Kapitalien (Anleihe, Kautionen) M.	stellen die Gaswerke ein Kapitalvermögen der Stadtgemeinde dar M.
1. April 1860	8 179 029	588,80	8 484 312	4 757 264	3 727 048
1. „ 1865	13 764 974	539,00	14 795 629	5 183 563	9 612 066
1. „ 1870	19 949 956	559,20	21 102 658	6 464 694	14 637 964
1. „ 1875	33 355 680	569,90	35 120 365	15 869 364	19 251 001
1. „ 1880	37 335 209	588,60	41 001 593	16 277 195	24 724 398
1. „ 1885	39 648 489	509,40	42 565 808	13 138 437	29 427 371
1. „ 1890	54 806 121	547,40	57 398 435	21 290 418	36 108 017
1. „ 1895	67 372 170	611,70	70 222 014	24 445 674	45 776 340
1. „ 1897	71 353 195	576,00	75 124 172	24 539 530	50 584 642
1. „ 1899	78 399 665	567,00	57 760 013 [1])	26 216 097	31 543 914
1. „ 1901	83 499 957	518,00	66 914 454 [1])	33 091 552	33 822 901
1. „ 1903	103 210 090	538,00	85 231 367 [1])	48 518 550	36 712 817
1. „ 1905	117 741 563	539,00	95 434 212 [1])	57 410 968	38 023 244
1. „ 1907	136 067 754	535,00	111 849 657 [1])	70 876 903	40 972 754

[1]) Nach Abzug des durch Abnutzung entstandenen Minderwertes der Gebäude, Apparate und Utensilien, welcher durch den Bedarf des Erneuerungsfonds dargestellt wird.

die Tabelle VIII, S. 93 erkennen läßt. Auf Grund früherer Auseinandersetzungen ist die Jahresproduktion sämtlicher deutschen Gaswerke zurzeit auf über 2000 Mill. cbm zu schätzen; nimmt man das durchschnittliche Anlagekapital zu M. 65 pro 100 cbm an (Tab. XVIII), so wären zurzeit in den deutschen Gaswerken 1300 Mill. Mark investiert. Das bedeutet eine Zunahme gegen 1896 um 1 Milliarde Mark, wenn man die erfolgten Abschreibungen berücksichtigt.

Tabelle XVIII.

	Anlagekapital per 1000 cbm Gas M.	Reingewinn über Verzinsung und Tilgung hinaus, jedoch einschließl. Wert der öffentlich. Beleuchtung M.	
	Städtische Gaswerke, Berlin:		
1898	576,—	9 713 402	16 Pf. pro cbm Leuchtgas
1899	567,—	8 767 078	10 Pf. pro cbm Koch- und Kraftgas
1900	542,—	9 633 248	
1901	518,—	6 291 149	
1902	523,—	6 448 496	
1903	538,—	8 594 432	
1904	554,—	9 677 773	Einheitspreis 12,35 Pf. pro cbm
1905	539,—	9 611 586	
1906	538,—	11 269 783	
1907	535,—	11 698 971	
	Londoner Gaswerke (Privatbesitz):		
1905	599,23	—	

Von diesem seit 1896 investierten Kapital entfallen etwa 100 Mill. Mark auf die neu errichteten 400 Werke in Städten mit weniger als 10 000 Einwohnern, und 900 Mill. Mark sind für Erneuerungen und Erweiterungen vorhandener Gasanstalten ausgegeben, davon entfallen über 100 Mill. auf die Berliner Städt. Werke.

Es darf nach dem Gesagten als erwiesen angesehen werden, daß sämtliche Gaswerke in Städten mit mehr als 3000 Einwohnern einen Reingewinn über Verzinsung und Tilgung des Anlagekapitals hinaus abwerfen, daß in Kleinstädten unter 3000 Einwohnern der Betrieb einer Gasanstalt, sobald die lokalen Verhältnisse einen Jahreskonsum von 100 000 cbm ermöglichen, rentabel sein kann, daß die Gasversorgung von Dörfern und Ortschaften durch Fernversorgung seitens vorhandener Werke, durch Anlegung von Übergangszentralen bzw.

Gruppengaswerken lohnend ist, sobald das Anlagekapital nach einer angemessenen Entwicklungszeit etwa M. 100 pro 100 cbm Jahresproduktion nicht übersteigt.

Der Reingewinn sämtlicher deutschen Gaswerke über Tilgung und Verzinsung des Anlagekapitals hinaus beträgt im Durchschnitt 3,5 bis 4 Pf. pro cbm Gas (Tab. XIX). Bei einem Jahreskonsum von 2000 Mill. cbm wäre demnach der jährliche Reingewinn, den das deutsche Volk aus seinen Gaswerken zieht, etwa 75 bis 80 Mill. Mark pro Jahr.

Tabelle XIX.

	Stadt	Reingewinn über Verzinsung u. Tilgung hinaus absolut M.	Reingewinn über Verzinsung u. Tilgung hinaus pro cbm Gas Pf.	Jahreskonsum in cbm absolut	Jahreskonsum in cbm pro Kopf u. Bevölkerung	Aufgewendete Summe für Verzinsung u. Tilgung, jedoch ausschließlich Erneuerung u. Unterhaltung pro 1907
	Städte über 200000 Einwohner:					
1	Berlin (Städt. Werke)	11 698 971	4.5	252 980 000	120	5 231 474
2	Breslau	2 180 398	5,7	38 495 700	79	—
3	Köln	2 006 808	4,3	46 759 140	101	—
	Städte mit 200000 bis 100000 Einwohnern:					
4	Lübeck	538 533	7,3	7 397 375	74	141 833
5	Karlsruhe	—	—	—	—	—
6	Halle	468 931	4,4	10 604 614	64	—
7	Kiel	518 359	4,1	12 819 530	70	324 667
	Städte mit 100000 bis 50000 Einwohnern:					
8	Bielefeld	282 525	4,1	6 862 700	90	201 278
9	Freiburg im Br.	388 873	6,3	6 219 500	80	174 427
10	Remscheid	200 000	4,2	4 810 900	70	170 000
11	Mülheim a. Rh.	184 317	3,1	5 902 790	100	157 606
12	Hildesheim	175 000	4,5	3 869 000	75	140 000
	Städte mit 50000 bis 20000 Einwohnern:					
13	Speyer	72 204	4,1	1 752 430	85	84 499
14	Oldenburg	64 000	2,4	2 687 480	82	139 375
15	Beuthen	62 764	3,5	1 799 660	35	55 437
16	Landsberg	64 239	3,8	1 712 398	50	85 879
17	Iserlohn	87 195	4,4	2 094 450	65	62 859
	Städte mit weniger als 20000 Einwohnern:					
18	Wittenberge	34 255	3,5	974 680	45	37 894
19	Vegesack	33 729	4,4	761 820	184	34 193
20	Nordenham	28 000	7,8	356 508	80	15 000
21	Peine	58 861	5,3	1 112 450	60	21 033

Dieser Reingewinn ist eher zu niedrig als zu hoch gegriffen, die Begründung der Gassteuer führt auf S. 54 aus: »425 Gaswerke im Besitze preußischer Städte und Landgemeinden haben im Jahre 1905 einen Gasverbrauch von 830 Mill. cbm gedeckt und Überschüsse von 54 Mill. Mark über die Betriebsausgaben erzielt. Rechnet man für Verzinsung, Tilgung usw. zusammen 10%, so bleiben als Reingewinn rd. 31 Mill. Mark.«

Unter der Voraussetzung, daß zurzeit etwa 1300 Mill. Mark in deutschen Gaswerksbauten investiert sind, daß die Verzinsung der meistens durch Anleihe aufgebrachten Gelder 4% beträgt, erhalten wir eine Rentabilität von 10% des investierten Kapitals. Angesichts dieser Zahl muß zugegeben werden, daß der Übergang zu den höheren Betriebsformen und die damit verbundene Neuinvestierung von rd. 1000 Mill. Mark keine künstlich hervorgerufene Spekulation ist, sondern durchaus im Zeichen einer gesunden Entwicklung steht.

Es liegt nahe, angesichts dieser hervorragenden finanziellen Ergebnisse der deutschen Gaswerke auch einmal nach dem Wohlergehen ihrer Konkurrenten, den Elektrizitätswerken, zu sehen. Es ist bereits erwiesen, daß die so gefürchtete Konkurrenz den Gaswerken nicht nur nichts geschadet hat, sondern direkt belebend auf sie einwirkte. Noch viel ungestümer als die Entwicklung der Gaswerke im letzten Jahrzehnt vor sich ging, erfolgte die der Elektrizitätswerke. Obwohl nur 21 Werke erst eine 20jährige Vergangenheit aufweisen, hatten wir am 1. April 1909 bereits 1978 Elektrizitätswerke, die öffentlichen Zwecken dienten. Im Gegensatz zu den Gaswerken herrscht bei den Elektrizitätswerken der Privatbetrieb vor, und zwar sind 632 Werke in städtischer Verwaltung und 1346 im Privatbesitz. Die Zentralenleistung sämtlicher Werke wird am 1. April 1909 mit 12 Mill. KW, die pro Jahr abgegebene Energie mit 1250 Mill. Kilowattstunden und das Anlagekapital sämtlicher Werke mit 1150 Mill. Mark angegeben. (E. T. Z. 1909, S. 1001). Über das finanzielle Ergebnis schweigt sich diese Statistik vollständig aus, wenigstens ist bis heute nichts bekannt geworden. Es ist nach den in früheren Jahren veröffentlichten Statistiken auch anzunehmen, daß hierüber nichts bekannt wird, denn gegenüber den zu allen Zeiten hervorragend gewesenen finanziellen Ergebnissen deutscher Gaswerke sind jene der Elektrizitätswerke in mittleren und kleineren Städten geradezu trostlos. In der E. T. Z. 1905, S. 77, sagt Hoppe auf Grund einer Statistik über die der »Vereinigung der Elektrizitätswerke« angeschlossenen 202 Werke:

»83 von den oben in Betracht gezogenen Städten geben ihre Einnahmen und Ausgaben so an, daß der Bruttogewinn festgestellt werden kann. Und da ergibt sich das wenig tröstliche Resultat, daß diese 83 Werke 8,3 % des Gesamtkapitals als Durchschnittsbruttoüberschuß abgeworfen haben, und zwar 48 unter städtischer Verwaltung stehende Werke 8,9 % und 35 unter privater Verwaltung stehende Werke 7,4 %. Man wird nicht leugnen können, daß die vorstehenden Zahlen ein recht wenig erfreuliches Bild liefern, denn die angegebenen Prozente müssen, wie schon hervorgehoben, dazu reichen, die Amortisation und Abschreibungen zu decken und außerdem das Anlagekapital zu verzinsen.« An einer anderen Stelle desselben Aufsatzes wird nachgewiesen, daß für Tilgung und Verzinsung des Anlagekapitals mindestens ein Bruttoüberschuß von 10 % erforderlich ist.

Ein Jahr später hält J. Raake im Elektrotechnischen Verein zu Aachen einen Vortrag über Anlage, Betrieb und Wirtschaftlichkeit kleiner Elektrizitätswerke und führt Folgendes aus (E. T. Z. 1906, Seite 41):

»Zweck der Mitteilung sei, zur Lösung einer Frage wirtschaftlicher Natur auf elektrotechnischem Gebiete beizutragen. Es handelt sich um die von den meisten vernachlässigte Frage der Wirtschaftlichkeit kleiner Elektrizitätswerke bis zu 100 KW, deren Bedeutung daraus erhellt, daß Anfang dieses Jahres — 1905 waren 1200 Werke in Betrieb — 40 % sämtlicher Elektrizitätswerke für öffentliche Zwecke weniger als 100 KW Leistung aufzuweisen haben. Die Durchschnittsleistung zu 50 KW und die mittleren Anlagekosten mit M. 1400 für 1 KW angenommen, ergibt bei 325 Werken ein investiertes Kapital von mehr als 22 Mill. Mark. Günstige Benutzungsdauer und Strompreise vorausgesetzt, kann man die Einnahme dieser Werke aus Stromverkauf auf M. 3 900 000 schätzen und ihre Ausgaben für Verzinsung, Amortisation und Betrieb auf M. 3 830 000, so daß ein Reingewinn von etwas über M. 200 für jedes Werk und Jahr verbleibt.

Angesichts solcher Ergebnisse könnte nun wohl alle Mühe, sich mit der Sache zu befassen, umsonst erscheinen, so daß man sich darauf beschränken könnte, nur alle Welt vor solchen Anlagen zu warnen. In Anbetracht der großen Summen, die in solchen Werken und zwar meist von kleinen Kapitalisten angelegt sind und werden, verlohnt es sich wohl der Mühe, der Sache auf den Grund zu gehen und für Besserung wenigstens bei neuen Werken zu sorgen.«

Um nun nicht den Glauben aufkommen zu lassen, daß der Vortrag in einer Versammlung von Monteuren oder Installateuren gehalten wurde, sei bemerkt, daß der Vorsitzende des Vereins Geh. Reg.-Rat Prof. Dr. Grotrian die Versammlung leitete.

»Mit Rücksicht darauf, daß sozusagen jedes Wort des Vortrages die Frucht praktischer Erfahrung ist, und daß der Vortrag daher als eine schätzenswerte Fundgrube von Ratschlägen für Besitzer kleiner Elektrizitätswerke angesehen werden muß, schlug Herr Geheimrat Grotrian vor, den Vortrag vervielfältigen zu lassen, um ihn weiteren Kreisen zugänglich zu machen.«

Die Vervielfältigung ist nicht erfolgt, in den maßgebenden Zeitschriften finden sich wenigstens keine Anzeichen dafür. Vielleicht unterblieb sie absichtlich, um die so üppig wuchernde Ausbreitung der Elektrizitätswerke nicht aufzuhalten, war dieser Zustand doch für die Baufirmen in der Zeit des Daniederliegens sämtlicher Industrieen eine willkommene Arbeitsgelegenheit. Auch in der Industrie spielt die Politik eine Rolle. Aus denselben Erwägungen heraus sucht auch Dettmar, der Generalsekretär des Verbandes Deutscher Elektrotechniker, in der E. T. Z. 1906, S. 969 die öffentliche Meinung zu beschwichtigen, indem er nachweist, daß die von Hoppe angeführte Statistik kein maßgebendes Urteil geben kann, weil sie sich über zu wenig Werke erstreckt. Dettmar stellt neue Erhebungen an, die sich auf 250 Werke in Städten zwischen 1000 bis 20 000 Einwohnern verteilen. Das Ergebnis ist zwar etwas besser, doch kann es keineswegs befriedigen. Verallgemeinern wir das Resultat, was durchaus zulässig ist, weil beide Statistiken dasselbe ausweisen, und nehmen wir den Durchschnitt beider Statistiken, wie dies nachstehend (Tab. XX) geschieht, so erkennen wir, daß alle bis 1906 gebauten Werke in Städten mit weniger als 10 000 Einwohnern nicht rentabel sind, daß jene mit 10 bis 20 000 Einwohnern gerade die Kosten für Abschreibung und Verzinsung des Anlagekapitals aufbringen. Trotz dieser ungünstigen Ergebnisse wurden in der Zeit vom 1. April 1906 bis 1. April 1909 in Städten mit weniger

Tabelle XX.

Bruttogewinn der Elektrizitätswerke Deutschlands in Städten mit weniger als 20000 Einwohnern.

Städte mit Einwohner	Statistik Hoppe 1905		Statistik Dettmar 1906		Statistik Hoppe und Dettmar	
	mitlere Einwohnerzahl	Bruttogewinn in % d. Anlagekapitals	Mittlere Einwohnerzahl	Bruttogewinn in % d. Anlagekapitals	Mittlere Einwohnerzahl	Bruttogewinn in % d. Anlagekapitals
1 000— 4 999	3 095	4,4	3 452	8,4	3 400	7,8
5 000 – 9 999	7 535	7,6	6 591	10,2	6 750	9,8
10 000—19 999	12 778	10,6	13 954	10,6	13 650	10,6

als 1000 Einwohnern 199 Elektrizitätswerke und in Städten mit 1001 bis 5000 Einwohnern 282 Werke neu errichtet, so daß nach der Statistik am 1. April 1909

bis 1 000 Einwohner	. . . . . .	289	
1 001— 5 000 „	. . . . . .	1005	
5 001— 10 000 „	. . . . . .	249	
10 001— 20 000 „	. . . . . .	119	1543
20 001— 50 000 „	. . . . . .	136	
50 001—100 000 „	. . . . . .	60	
100 001 und mehr „	. . . . . .	65	
		1923 Werke	

1543 Werke in Städten mit weniger als 10 000 Einwohnern öffentlichen Zwecken dienten, deren Gesamtbruttoüberschuß nach Hoppe nicht hinreicht, die Kosten für Amortisation und Verzinsung des Anlagekapitals zu bestreiten.

Welcher Kontrast zwischen den beiden allgemeinen öffentlichen Zwecken dienenden Unternehmungen: bei den Gaswerken wirft fast jedes vorhandene Werk von dem ersten Betriebsjahr an einen Überschuß über Verzinsung und Amortisation des Anlagekapitals hinaus ab, bei den Elektrizitätswerken ist das Gesamtergebnis von über 1500 Werken nicht hinreichend, die laufenden Ausgaben zu decken; bei den Gaswerken sehen wir eine geschichtlich begründete Entwickelung zum Regiebetrieb sich vollziehen, die in allen Phasen den Stempel wirtschaftlicher Gesundheit trägt, bei den Elektrizitätswerken führte das aus Erwerbsdrang und Machtbefugnis ungezügelt vorwärts drängende Unternehmertum zu einer Privatwirtschaft, deren Entwicklungsschritt so schnell geworden ist, daß die wirtschaftliche Gesundheit fast gefährdet erscheint.

Dieser Zustand ist in zweifacher Hinsicht bedauerlich. Erstens insofern, als nicht kapitalkräftige Betriebsgesellschaften Besitzer jener Werke sind, sondern in der Regel kleine Kapitalisten ihr gesamtes Vermögen in diesen unrentablen Unternehmungen angelegt haben und ferner, daß die in erster Linie Sachverständigen, die großen Fachverbände, die genau den Lauf der Dinge kannten, nicht rechtzeitig die Bremsung dieser durchaus ungesunden Entwickelung vorgenommen haben.

Erst in neuerer Zeit hebt sich das Pflichtbewußtsein scheinbar. Mit allen erdenklichen Mitteln wird Propaganda für Überlandzentralen gemacht, die den kleinen Werken als Retter in der Not gepriesen werden.

In manchen Fällen mögen sie auch wirklich als solche auftreten. Zwar ist der Anschluß an eine Überlandzentrale bei den meisten Werken kleiner Städte mit geringen Kosten durchzuführen. Der größte Teil der Betriebs- und Unterhaltungskosten fällt beim Strombezug aus der Überlandzentrale weg; zu berücksichtigen ist aber, daß das in den Kesselanlagen, in den Maschinensätzen angelegte Kapital fast verloren geht, weil gebrauchte, wenn auch noch gut erhaltene Maschinen nur ihren Wert behalten, solange sie dort, wo sie installiert sind, ausgenutzt werden. Zudem dürfte das zu erwartende Massenangebot den Markt für gebrauchte Maschinen drücken. Ob unter Beachtung aller dieser Umstände der Anschluß an eine Überlandzentrale ratsam ist, kann nur von Fall zu Fall entschieden werden. Nicht zu vergessen ist noch, daß Überlandzentralen selbst sehr hohe Stromgestehungskosten infolge des sehr ausgedehnten Leitungsnetzes haben und wenig in der Lage sein dürften, dem Besitzer kleiner Elektrizitätswerke Strompreise zu gewähren, die für diesen Aussicht auf Rentabilität seiner Gelder für die künftige Entwicklung seines Werkes in sich schließen.

Interessant ist, daß bei den Überlandzentralen nicht, wie man zuerst annahm, die großen Baufirmen, die das Bedürfnis und das Interesse für diese Unternehmungen zuerst erkannten und weckten, Betriebsgesellschaften gründeten, deren Finanzierung sie übernahmen, sondern daß hier von vornherein entgegen der bisherigen Entwickelung der öffentlichen Zwecken dienenden Elektrizitätswerke die Tendenz zum Regiebetrieb vorherrscht. In der Regel pflegen sich Zweckverbände einzelner Gemeinden oder Kreise zu bilden. Bei dem Bau der Elektrizitätswerke kleiner Städte führte das Vorherrschen des Laienelements — die kleinen Besitzer sind in keiner Beziehung als Sachverständige anzusehen — das sich sehr schlecht beraten zeigte, fast zu einer Krisis, die Entwicklung der Überlandzentralen wird lehren, ob die Kreise bzw. Gemeinden mehr wirtschaftliches Schauen besitzen. Sachverständige glauben, daß gerade der Betrieb der Überlandzentralen, die mit sehr geringen Reinerträgnissen zu rechnen haben, der Privatwirtschaft vorbehalten bleiben müßte, weil die Betriebsleitung Beweglichkeit und Anpassungsfähigkeit braucht, der dem Regiebetrieb, besonders, wenn viele Gemeinden beteiligt sind, weniger eigen ist.

So groß die Vorteile der Elektrisierung des platten Landes für die Landwirtschaft zur Hebung der Leutenot sein mögen, das trostlose Vegetieren der kleinen Elektrizitätswerke zeigt, daß den Rentabilitätsberechnungen der Baufirmen nicht unbedingtes Vertrauen gebührt, und im Interesse der Allgemeinheit wäre deshalb zu wünschen, wenn der Entwicklungsschritt der Überlandzentralen in Zukunft ein etwas langsameres Tempo einschlagen würde, als er augenblicklich besitzt.

Die gleiche Auffassung beginnt sich bei den maßgebenden Aufsichtsbehörden durchzusetzen. »Die Kgl. Sächsische Staatsregierung bereitet die Schaffung einer amtlich bestätigten Technischen Beratungsstelle für elektrische Anlagen vor, die den Beteiligten, namentlich den landwirtschaftlichen Kreisen eine unparteiische, einwandfreie, fachmännische Beratung zu teil werden lassen soll.« (Zeitschrift für elektrische Kraftbetriebe und Bahnen 1910, Heft 1.)

Es ist zu wünschen, daß dies Vorgehen der sächsischen Regierung in den übrigen Bundesstaaten Nachahmung findet, jedoch mit der Ausdehnung der geschäftlichen Tätigkeit auf die Gasindustrie, deren Gruppengaswerke, soweit der Regiebetrieb in Frage kommt, in ähnlicher Lage sich befinden.

Die Erträgnisse der deutschen Gaswerke kommen zum weitaus größten Teil der Allgemeinheit zu gut, denn von den vorhandenen 1245 Werken, die öffentlichen Zwecken dienen, sind der Zahl nach 75 %, dem Konsum und Reingewinn nach über 90 % in städtischer Verwaltung. Ob Regie-, ob Privatbetrieb, die Frage scheint gerade im Augenblick die Gemüter mehr zu bewegen als je zuvor. Es sei auf die letzte Generalversammlung des Vereins für Sozialpolitik verwiesen, wo die Kathedersozialisten, besonders Wagner und Schmoller, die fast seit einem halben Jahrhundert für die Übernahme der Gaswerke in die städtische Verwaltung eingetreten sind, heftigen Angriffen ausgesetzt waren. Im Anschluß daran suchte die Bewegung für »exakt-vergleichende Wirtschaftsforschung« an Boden zu gewinnen. In Fach- und Tageszeitungen werden täglich Forderungen nach Übergang zum Privatbetrieb laut, besonders seit Lord Aveburys Schrift »Staat und Stadt als Betriebsunternehmer« mit einem Geleitwort von Prof. Ehrenberg in deutscher Sprache auf dem Büchermarkt erschienen ist. Obwohl es im Rahmen dieser Arbeit lag und auch beabsichtigt war, für die Gaswerke eine Untersuchung dieser Frage auf Grund amtlichen Materials durchzuführen, mußte diese unterbleiben, weil die Privatgesellschaften bis auf wenige sich weigerten, einwandsfreies Material zur Verfügung zu stellen. Wie bereits an anderer Stelle ausgeführt wurde, kann die bedrängte wirtschaftliche Lage der Privatgesellschaften weniger die Veranlassung geben, eher dürfte der Grund in Schwierigkeiten, in die

die Gesellschaften mit den Stadtverwaltungen verwickelt zu werden fürchten, zu suchen sein.

Fünf Gründe sind es namentlich, welche Lord Avebury und die Anhänger der Privatwirtschaft gegen den Regiebetrieb geltend machen:

»Erstens haben unsere Stadtverwaltungen genug, wenn nicht übergenug gesetzliche Funktionen und Pflichten, die ihre ganze Energie in Anspruch nehmen und alle ihre Zeit ausfüllen.

Zweitens ist damit eine ungeheure Zunahme der städtischen Schuldenlast verbunden gewesen und wird immer damit verbunden sein.

Drittens werden die Stadtverwaltungen dadurch in Arbeitskämpfe verwickelt.

Viertens wird es, da dort nicht derselbe Antrieb zur Sparsamkeit und Aufmerksamkeit vorhanden ist, sehr wahrscheinlich, um nicht zu sagen, gewiß sein, daß eins von beiden Dingen geschehen wird: entweder entsteht ein Verlust oder ein größerer Aufwand. Die arbeitenden Klassen werden am meisten darunter leiden.

Fünftens ist es ein ernstliches Hemmnis des Fortschritts und der Entdeckungen.«

Wie wenig diese Darlegungen auf deutsche Verhältnisse passen, weist Schiff in Technik und Wirtschaft 1909, S. 540 nach. Wird zugegeben, daß die Stadtverwaltungen übergenug gesetzliche Funktionen und Pflichten haben, so erkennt man sofort, daß es durchaus unnötig ist, die Stadtverwaltungen mit gewerblichen Unternehmungen zu belasten, sobald man eine Trennung der regierenden und gewerblichen Behörde vornimmt. Als gewerbliche Unternehmungen kommen für deutsche Verhältnisse außer den Gaswerken die Wasser- und Elektrizitätswerke und in neuester Zeit die Straßenbahnen in Betracht. Die einzelnen Zweige haben in der Einrichtung, im Betriebe viele gemeinsame Ziele, die auf ihre Zusammenfassung zu einer einheitlichen Spitze direkt hinweisen. Diese Spitze, mit genügend Machtbefugnis ausgerüstet, entscheidet in allen Tagesfragen. Natürlich ist dieser Spitze Sitz und Stimme im Magistrat einzuräumen, wie dies bei den Hoch- und Tiefbauabteilungen der Stadtverwaltungen der Fall ist. Außer den Etatsberatungen wird die Stadtverwaltung nur in wenigen Fällen eine Belästigung durch ihre gewerblichen Unternehmungen erfahren. Daß diese Forderung keine Utopie ist, zeigen die guten Erfahrungen, die Dresden, Leipzig, Köln und andere Städte, die diese Trennung bereits durchgeführt haben, bisher machten. Mit Recht sagt Schiff, daß an die Spitze dieser gewerblichen Unternehmungen ein Beamter gehört, der über hinreichendes technisches und wirtschaftliches Wissen verfügt, damit nicht Mangel an Sachkenntnis durch Übertreibung des Formalen ersetzt wird. Welcher Vorbildung der Vorrang bei Besetzung dieser Spitze gebührt, braucht nicht erörtert zu werden, es gibt auch technische Bureaukraten. Die Fähigkeiten, die zum erfolgreichen Ausfüllen dieses Postens gehören, lassen sich nicht ersitzen, noch an irgendeiner Bildungsanstalt erlernen, sondern nur vor der Ausübung des Amtes im praktischen Wirtschaftsleben erwerben.

Der weiter geltend gemachte Einwand über die Zunahme der städtischen Schuldenlast wäre besser unterblieben, denn die Schulden für werbende Anlagen der Gemeinden bedeuten keine Belastung der Gemeinde. Nach Edmund Fischer, der die gemeindliche Entwickelung Dresdens als typisch für die Entwickelung der deutschen Städte hinstellt, ist das Gesamtvermögen Dresdens von 45,6 Mill. Mark im Jahre 1886 auf 203,8 Mill. Mark im Jahre 1907, das Vermögen der städtischen Betriebe Dresdens von 17 Mill. Mark im Jahre 1886 auf über 94 Mill. im Jahre 1901 und das Stammvermögen von 25 Mill. Mark auf über 101 Mill. gewachsen. »Und daß dabei auch tatsächlich das Vermögen der Stadt größer wurde, geht daraus hervor, daß im Jahre 1907 nach Abzug der Anleiheschuld auf den Kopf der Bevölkerung immer noch 117,58 M. Vermögen kamen gegen M. 101,09 im Jahre 1886. Trotz diesen bedeutenden Mehrleistungen der Gemeinde ist der Steuerdruck aber keineswegs gewachsen. Vom Gesamtertrage der Steuern kamen im Jahre 1893 auf einen Einwohner M. 24,34, im Jahre 1907 aber auch nur M. 26,13. Die Leistungsfähigkeit wurde eben aus den Überschüssen der einzelnen Betriebe ganz erheblich gesteigert.« (Technik und Wirtschaft 1909, Heft 12).

Das letztere gilt von fast allen Städten, die gewerbliche Unternehmungen betreiben. In der Tabelle XIX ist noch eine Übersicht der Betriebsdaten städtischer Gaswerke gegeben, die im Gasjournal 1909 veröffentlicht sind. Wir sehen, daß ganz bedeutende Summen für Tilgung und Abschreibung des aufgewendeten Kapitals Verwendung finden, daß trotzdem erhebliche Reingewinne für öffentliche Zwecke frei werden. Der von Lord Avebury behauptete wirtschaftliche Mißerfolg der öffentlichen Unternehmungen und der erhobene Vorwurf ungenügender Abschreibungen für Entwertungen der Anlagen läßt sich in Bezug auf die Gaswerke auch nicht aufrecht erhalten.

Zu Recht besteht, was über die Beziehungen der Behörden als Arbeitgeber zu den Arbeitnehmern gesagt wird. Es muß aber hervorgehoben werden, daß Arbeitskämpfe in den gewerblichen Unternehmungen der Städte selten sind und in Zukunft noch seltener werden, weil die Städte sich immer mehr dazu verstehen, geregelte Verhältnisse und gesicherte Anstellungsbedingungen für die in ihren Betrieben beschäftigten Arbeiter zu schaffen. In 141 Städten ist für die Arbeiter bereits ein jährlicher Erholungsurlaub bis zu 14 Tagen, in 84 Städten ein Ruhelohn von 25 % des Einkommens im Minimum steigend bis zum vollen Diensteinkommen und in 75 Städten die Hinterbliebenenversorgung durchgeführt, in 68 Städten gelangt die Differenz zwischen Krankengeld und Arbeitslohn zur Auszahlung. (Kalender der Gemeindearbeiter 1910.) Nicht unberechtigt ist auch, was Emil Schiff (Technik und Wirtschaft 1909, S. 536) von der sittlichen Natur und Erziehung des Arbeiters sagt: »Bei unsern Arbeitern siegt, wenn er Allgemeinzwecken dient, zumeist noch der kategorische Imperativ des freien Pflichtbewußtseins über das persönliche Interesse.« Im übrigen bleibt auch die städtische Bevölkerung der leidtragende Teil, wenn Kraftproben zwischen den Arbeitern und Unternehmern der öffentlichen Zwecken dienenden Einrichtungen ausgefochten werden, wie dies beim Streik der Elektrizitätsarbeiter und Straßenbahner in Berlin geschah, und schon aus diesen Gründen können Behörden gezwungen sein, auch bei privaten Arbeitskämpfen Partei zu nehmen.

Der letzte Einwand, daß die Unternehmertätigkeit der Städte ein Hemmnis des Fortschritts, der Entdeckungen bedeute, ist auf die Gaswerke bezogen direkt eine falsche Folgerung. Alle bedeutenden Erfindungen, Auerstrumpf, Bunsenbrenner, Vertikalretorten, Generatorfeuerungen usw. sind nicht in den Ländern mit vorwiegend privaten Gasanstaltsbetrieben gemacht, sondern in Deutschland mit seiner bis zu 90 % in städtischem Besitz befindlichen Gasversorgung. In keiner Privatgasgesellschaft finden sich, wenn sie überhaupt vorhanden sind, Laboratorien und Versuchsanstalten für Neuerungen, wie sie die städt. Gaswerke in Berlin und vielen anderen Städten aufweisen; in keinem Lande, wo die Gasversorgung dem Privatkapital obliegt, finden wir eine Vereinigung von Fachleuten, die eine so hervorragende Tätigkeit in wissenschaftlicher und technischer Beziehung entwickelt hat, wie der zu 90 % aus Betriebsleitern städtischer Werke bestehende Deutsche Verein von Gas- und Wasserfachmännern; in keinem Lande der Welt haben Privatgasgesellschaften es vermocht, so bedeutsame Organisationen zum Einkauf der Roh- und Verkauf der Nebenprodukte zu schaffen und lebensfähig zu gestalten, wie wir sie in den wirtschaftlichen Vereinigungen deutscher Gaswerke kennen gelernt haben.

Wenn wir gegenüber Lord Avebury, Ehrenberg und der von ihm ins Leben gerufenen Bewegung für »exakt-vergleichende Wirtschaftsforschung« den von den Kathedersozialisten aufgestellten Satz »die deutschen Gaswerke dem Regiebetrieb« noch heute mehr denn je zuvor als richtig anerkennen, so stimmen wir doch in der Ablehnung des sozialistischen Staates mit ihnen überein. »Denn die Besorgnis, die gegenüber einem beschränkten Gemeindesozialismus im Vergleich mit rein privatkapitalistischen Zuständen übertrieben war, ist gegenüber dem rein sozialistischen Staate berechtigt: der einzelne könnte an Freiheit der Betätigung und an der Möglichkeit der Entwickelung unerträgliche Einbuße erleiden. Nur bekämpft man eine gefürchtete Neuordnung von Recht, Wirtschaft und Gesellschaft nicht, indem man gegebene wirtschaftliche Entwickelungen mit einseitigen Gründen angreift, statt ihre Vorteile und Nachteile vorurteilslos und sachverständig abzuwägen. Vor allem aber übersehen jene, die die Umkehr zur reinen Privatwirtschaft für möglich halten, daß der Kompaß, wenn auch niemand Weg und Ziel der Fahrt kennt, unter dem Zwange geschichtlicher Entwickelung nach der entgegengesetzten Richtung weist, und daß man wohl gegen den Strom schwimmen, ihn aber nicht aufhalten kann. Daß im Flusse der Zeiten Wirtschaftsformen nicht nur untergehen, sondern wieder auferstehen können, braucht nicht bewiesen zu werden.« (Technik und Wirtschaft 1909, S. 541.)

Als Ergebnis der vorstehenden Untersuchung erhalten wir:

1. Die so gefürchtete Konkurrenz der Elektrizitätswerke hat den Gaswerken nicht nur nichts geschadet, sondern ihnen neue Impulse zu einer ungeahnten Entwickelung gegeben.

2. Der Übergang zu den höheren Betriebsformen reduzierte den Anteil des Arbeitslohnes an den Gasgestehungskosten auf ein Minimum, beseitigte die schwere und gesundheitsschädliche Arbeit in den Retortenhäusern, brachte die Unabhängigkeit des Produktionsprozesses vom Arbeiter und gab die Möglichkeit, den Koks- und Kohlenmarkt regulierend zu beeinflussen.

3. Nach Durchführung der höheren Betriebsformen erscheinen Maßnahmen im Produktions- und Verteilungsprozeß zu einer wesentlichen Verringerung der Gestehungskosten ausgeschlossen. Die stetig steigenden Löhne und Kohlenpreise führen zu einer Erhöhung der Gaspreise, die jedoch aus volkswirtschaftlichen Gründen zu vermeiden ist. Eine gleichbleibende Rentabilität der Gaswerke läßt sich nur durch Vergrößerung des Absatzes, besonders jenes Gases zu anderen als Leuchtzwecken erreichen. Die Einführung des Münzgasmessers in Verbindung

mit der Vereinfachung des Verrechnungsgeschäftes und einer entsprechenden Tarifpolitik gibt die Möglichkeit, den heutigen Gasverbrauch um ein Vielfaches zu steigern.

4. Die deutschen Gaswerke werfen einen jährlichen Reingewinn von über 75 Mill. Mark ab, was einer Rentabilität von 10 % der in Gaswerken angelegten Kapitalien entspricht. Über 90 % dieses Reingewinnes kommt der Allgemeinheit zugute.

5. Der historisch begründete Regiebetrieb der deutschen Gaswerke hat zurzeit noch volle Berechtigung und weist auch für die Zukunft auf eine Entwickelung in der gleichen Richtung hin. Die wirtschaftlichen Vereinigungen deutscher Gaswerke, die den Absatz und Bezug der Roh- und Nebenprodukte regeln, geben selbst kleinen Städten Gelegenheit, ohne Risiko den Regiebetrieb mit Aussicht auf Erfolg einzuführen.

6. In den Gruppengaswerken ist die Möglichkeit gegeben, Landstädte, Dörfer und Gehöfte mit Gas zu versorgen. Diese Energieversorgung des platten Landes entspricht allen Ansprüchen der Landbevölkerung, was bei den elektrischen Überlandzentralen, die gerade das hier vorliegende Bedürfnis der preiswürdigen Lieferung von Energie für Kochzwecke unbefriedigt lassen, nicht der Fall ist. Der Belastungsfaktor der Gruppengaswerke wird daher ein viel besserer sein als jener der elektrischen Überlandzentralen, und infolgedessen haben die in Gruppengaswerken angelegten Kapitalien eine größere Aussicht auf Rentabilität.

7. Elektrische Überlandzentralen und Gruppengaswerke sollten der Privatwirtschaft überlassen bleiben; denn sie bedürfen für eine erfolgreiche Entwickelung Bewegungsfreiheit und Anpassungsfähigkeit der Betriebsleitung, welche gegenüber dem Regiebetrieb in höherem Maße der Privatwirtschaft eigen ist. Da in beiden Fällen die Entwickelung zum Regiebetrieb durch Zusammenschluß mehrerer Gemeinden zu Zweckverbänden sich durchzusetzen scheint, dürfte es sich empfehlen, die von der Kgl. Sächsischen Regierung geschaffene »Amtliche Auskunftsstelle für Überlandzentralen« auch in den übrigen Bundesstaaten einzuführen, um nicht jene große Zahl unrentabler, öffentlichen Zwecken dienenden Unternehmungen zu vermehren, die aus Mangel an Sachkenntnis in technischen und wirtschaftlichen Fragen gerade im letzten Jahrzehnt durch den Bau der Elektrizitätswerke in Städten mit weniger als 10 000 Einwohnern nicht zum Wohle der deutschen Volkswirtschaft ins Leben gerufen wurden.

www.ingramcontent.com/pod-product-compliance
Lightning Source LLC
LaVergne TN
LVHW081339011026
849161LV00013BB/2955
9783486739220